Norbert Sommer-Stumpenhorst
Lese- und Rechtschreibschwierigkeiten:
vorbeugen und überwinden

LEHRER-BÜCHEREI
GRUNDSCHULE

Herausgeber

Reinhold Christiani, Diplom-Pädagoge, war Leitender Ministerialrat im Ministerium für Schule, Jugend und Kinder des Landes Nordrhein-Westfalen. Er ist zur Zeit Lehrbeauftragter an der Universität Bielefeld.

Dr. Klaus Metzger, ist Regierungsschulrat, Seminarbeauftragter und zuständig für die zweite Phase der Lehrerausbildung für Grund- und Hauptschulen im Regierungsbezirk Schwaben/Bayern.

Der Autor dieses Bandes, **Norbert Sommer-Stumpenhorst,** ist Diplom-Psychologe und Leiter der Regionalen Schulberatungsstelle für den Kreis Warendorf. Er hat zahlreiche erfolgreiche Materialien und Bücher zum Thema Rechtschreibtraining und Umgang mit Lese- und Rechtschreibschwäche veröffentlicht.

Norbert Sommer-Stumpenhorst

Lese- und Rechtschreibschwierigkeiten: vorbeugen und überwinden

SCRIPTOR

Die in diesem Werk angegebenen Internetadressen haben wir überprüft (Redaktionsschluss August 2006). Dennoch können wir nicht ausschließen, dass unter einer solchen Adresse inzwischen ein ganz anderer Inhalt angeboten wird. Deshalb empfehlen wir Ihnen dringend, die Adressen vor der Nutzung im Unterricht selbst noch einmal zu überprüfen.

 http://www.cornelsen.de

Bibliografische Information: Die Deutsche Bibliothek verzeichnet diese Publikation in der Deutschen Nationalbibliografie; detaillierte bibliografische Daten sind im Internet über http://dnb.ddb.de abrufbar.

Dieser Band folgt den Regeln der deutschen Rechtschreibung, die von August 2006 an gelten.

14. 13. 12. 11. 10. Die letzten Ziffern bezeichnen
10 09 08 07 06 Zahl und Jahr der Auflage.

© 1991 Cornelsen Verlag Scriptor GmbH & Co. KG, Berlin
Redaktion: Gabriele Teubner-Nicolai, Berlin
Umschlagfoto: Kunterbunt, Heidi Velten, Leutkirch-Ausnang
Satz: FROMM MediaDesign GmbH, Selters/Ts.
Druck und Bindearbeiten: Clausen und Bosse, Leck
Printed in Germany
ISBN-13: 978-3-589-05120-5
ISBN-10: 3-589-05120-5

 Gedruckt auf säurefreiem Papier,
umweltschonend hergestellt aus chlorfrei gebleichten Faserstoffen.

Inhalt

7 Rechtschreibübungen 119

Anhang 160

Vorwort zur 1. Auflage

Die Geschichte der Legasthenie ist eine Geschichte gemachter Fehler in der Rechtschreibung, in der Forschung, in der Förderung. Fehler, so sehe ich es heute, sind produktive Lösungen, Annäherungen an ein Ziel. Fehler sind wichtige Lernhilfen. Das gilt für die Kinder, die Lesen und Schreiben lernen, für die Wissenschaftler, die die Lernprozesse untersuchen, und natürlich auch für uns, die wir unterrichten und fördern.

Es lohnt sich, die Geschichte der Legasthenie- und Leseforschung noch einmal anzusehen. Aus den Umwegen ist viel zu lernen. Auch wenn wir vieles noch nicht wissen, so sind wir doch schon ein gutes Stück vorangekommen.

Seit zehn Jahren betreue ich Kinder, bei denen sich während des Lese- und Schreiblernprozesses besondere Schwierigkeiten ergaben. Als Schulpsychologe arbeite ich hierbei eng mit Lehrerinnen und Lehrern zusammen, die wie ich auf dem Weg zu effektiven und hilfreichen Förderungen sind. In diesem Buch ziehe ich eine Zwischenbilanz und zeige Hilfen zur Prävention, Diagnose und Förderung auf, die sich in der schulischen Praxis bewährt haben.

In der Arbeit mit den Kindern habe ich viele Umwege eingeschlagen. Dabei habe ich am meisten von jenen Kindern gelernt, bei denen die Förderung nicht glatt verlief. Diesen kleinen Lehrmeistern und allen anderen, von denen ich lernen konnte, gilt mein aufrichtiger Dank. Besonders danke ich dem Wissenschaftler Prof. Dr. Dieter Betz, der mir die Augen für die Komplexität der LRS öffnete, der Therapeutin Dr. Helga Breuninger, die mich einfühlsam machte für das Leiden der Kinder, und meiner Frau, die als Lehrerin die Methoden auf den Teppich des schulisch Machbaren holte.

Beckum, Dezember 1990   NORBERT SOMMER-STUMPENHORST

Vorwort zur 10. Auflage

Fünfzehn Jahre sind seit dem Erscheinen der 1. Auflage dieses Buches vergangen. Viele neue Untersuchungen zum Thema Legasthenie und LRS sind seitdem hinzugekommen, doch nur wenig wirklich Neues ist dabei herausgekommen. Dort, wo sich interessante neue Forschungsaspekte ergaben, die für die schulische Förderung von Bedeutung sind, wurden sie in das Buch mit aufgenommen.

In vielen Bundesländern hat sich seit Erscheinen das Buches die Erlasslage geändert. Grund hierfür war eine neue KMK-Empfehlung aus dem Jahre 2003. Auch die neuen Erlasse und Empfehlungen wurden in dieser Auflage berücksichtigt.

Die meisten Änderungen gab es jedoch bei den Hinweisen zur Lese- und Rechtschreibförderung. Hier hat sich in den Schulen in den letzten fünfzehn Jahren viel getan. Gerade die Grundschulen haben sich auf den Weg gemacht, den Anfangsunterricht zu reformieren. Durch einen binnendifferenzierten, auf die Unterstützung individueller Lernwege ausgerichteten Unterricht sowie eine frühzeitige Förderung bei auftretenden Schwierigkeiten wird zunehmend versucht, LRS frühzeitig zu erkennen und zu vermeiden.

Diese Erfahrungen wurden in die Kapitel 3 (Förderunterricht) und Kapitel 4 (Analyse der Lernschwierigkeiten) aufgenommen. Auf Unterrichtskonzepte zur Individualisierung des Unterrichts (z.B. Lesen durch Schreiben, Rechtschreibwerkstatt) gehe ich in diesem Buch nur am Rande ein. Die Förderempfehlungen in den Kapiteln 5 (Lernvoraussetzungen), Kapitel 6 (Lesen) und Kapitel 7 (Rechtschreiben) wurden hingegen völlig neu geschrieben und die Weiterentwicklungen und Erfahrungen der letzten Jahre berücksichtigt.

Im Anhang finden Sie aktualisierte Literaturangaben, Testverfahren und Verweise auf Internetadressen mit weiterführender Literatur und Fördermaterialien.

Beckum, August 2006   NORBERT SOMMER-STUMPENHORST

 1 Von der Legasthenie zur Lese-Rechtschreib-Schwäche (LRS)

1.1 Die Zeiten ändern sich

Die Eltern halten ihren Sohn Franz für ein pfiffiges Kerlchen. Schon früh hat er sie mit klugen Fragen verblüfft, und von technischen Dingen versteht er mehr als alle anderen in der Familie. Er konnte schon zählen und rechnen, konnte eine Mühle bis ins Detail zeichnen, da war er noch keine fünf Jahre alt.

Doch Franz sitzt auch der Schalk im Nacken. Wenn im Dorf irgendwem ein Streich gespielt wird, irgend etwas los ist, Franz ist mit Sicherheit dabei. Durch sein freundliches, fröhliches Wesen schafft er es immer wieder, dass ihm keiner so richtig böse ist. Seine Einfälle für außergewöhnliche Späße scheinen unerschöpflich zu sein.

Fleißig ist Franz obendrein. Auf dem elterlichen Hof scheut er keine Arbeit und packt an wie ein Zehnjähriger. Für die Eltern ist es keine Frage, dass aus ihrem Jungen einmal etwas Rechtes werden wird. „Er wird einmal die Welt entdecken und das Rad erfinden", sagt der Vater stolz.

Franz kommt in die Schule:

1890: Der Dorfschullehrer mag den interessierten und aufgeweckten Burschen. Im Rechnen und Zeichnen, aber auch in Geographie und Geschichte ist Franz schnell den anderen weit überlegen. Oft darf er mit den Größeren zusammen rechnen und zeichnen. Mit dem Lesen und Schreiben jedoch hat Franz unerwartet Schwierigkeiten. Noch im dritten Schuljahr sitzt er neben den Erstklässlern und malt Buchstaben und einfache Wörter. „Irgendwann", so meint der Lehrer, „wird er es schon lernen."

1930: In der ersten Klasse der Volksschule fällt dem Lehrer schon auf, dass Franz Schwierigkeiten beim Lesenlernen hat. Er hilft ihm, er straft ihn, er lässt ihn nachsitzen, zitiert die Eltern zu sich, gibt Strafarbeiten auf. – Nichts scheint bei Franz zu helfen. „Er ist eigensinnig, starrköpfig und dumm", meint der Lehrer und schickt Franz nach drei Jahren zur Hilfsschule.

1960: Dass Franz nur ganz schlecht lesen kann und sein Geschriebenes oft kaum zu entziffern ist, stört die Lehrerin nicht besonders. Viel schlimmer ist es, dass Franz von der ersten bis zur letzten Unterrichtsstunde den Klassenclown spielt. Er macht dreimal mehr Unfug als alle anderen Kinder zusammen. Erst als Franz sitzen bleibt und in die Klasse des strengen Rektors wechselt, hört der Unfug auf. Als Franz, inzwischen vierzehn Jahre alt, aus den Ferien seiner Tante (selbst Lehrerin) einen Brief schreibt, meint diese später entsetzt: „Wie hast du es nur geschafft, mit solch schlechten Rechtschreibkenntnissen die 8. Klasse zu erreichen?" „Ich hab' mich halt immer so durchgemogelt", ist die schlichte und ehrliche Antwort.

1975: Ende der 2. Klasse wird ein Rechtschreibtest geschrieben. Franz schneidet miserabel ab. Bei einem weiteren Intelligenztest dagegen gehört er mit zu den Besten. Daraufhin kommt Franz in die Legastheniker-Förderung. An zwei Tagen in der Woche nimmt er in den letzten beiden Unterrichtsstunden an einer besonderen Förderung teil. Sein Lesen bessert sich schnell. Im Rechtschreiben hat Franz nach wie vor große Probleme. Nach der Grundschule wechselt Franz zur Hauptschule. Den Hauptschulabschluss schafft er, abgesehen von der „5" im Fach Deutsch und einer knappen „4" in Englisch, ganz gut.

1990: Schon nach wenigen Wochen Unterricht in der 1. Klasse nimmt die Lehrerin Franz mit drei anderen Kindern in eine Fördergruppe. Hier schreiben sie am Computer ihr eigenes Lesebuch, „unterhalten" sich in einer geheimen Zeichensprache und lösen Kreuzwort- und Bilderrätsel. In der Arbeitsphase im Unterricht (jeden Morgen von 8.15 bis 8.45 Uhr) sitzt Franz mit zwei anderen Kindern am Lesetelefon, arbeitet mit seiner Lernkartei oder malt Wolken und Lokomotiven auf bunte Arbeitsblätter. „Er lernt anders, aber er lernt's", ist die sichere und schlichte Antwort der Lehrerin auf die besorgten Fragen der Eltern.

2006: Franz kommt in eine jahrgangsübergreifende Klasse. Im Fach Mathematik rechnet er schon bald mit den größeren Kindern zusammen. Beim Schreiben braucht Franz dagegen viel Zeit, bis er anfängt, einfache Wörter lauttreu zu schreiben. Dennoch macht ihm das Lesen und Schreiben Spaß. Ihn interessieren vor allem die dicken Technik-Bücher mit den interessanten Experimenten. Nach zwei Jahren scheint bei Franz endlich der Knoten im Schreiben geplatzt zu sein. Er schreibt wie wild drauflos und seine Rechtschreibung wird zunehmend besser. Nach drei Jahren verlässt Franz die Grundschule und wechselt aufs Gymnasium.

1.2   Vom Hilfsschüler zum anerkannten Legastheniker

Kinder, die beim Lesenlernen auffallend große Schwierigkeiten haben, hat es schon immer gegeben. Immer wieder waren Kinder dabei, denen man diese Schwierigkeiten vorher nicht zugetraut hätte, die ansonsten eher pfiffig und an allem interessiert waren.

Ende des vorigen Jahrhunderts waren es zunächst Mediziner (KUSSMAUL 1877, MORGAN 1896, HINSHELWOOD 1990), die auf dieses seltsame Phänomen aufmerksam machten. Sie sprachen von „Wortblindheit". Legte man Erwachsenen Bilder vor, so konnten sie die Gegenstände eindeutig benennen. Bei Buchstaben und einfachen Wörtern hatten sie jedoch allergrößte Schwierigkeiten.

1928: Legasthenie ist ein Hinweis für eine Sonderschulbedürftigkeit

Als erster Pädagoge untersuchte RANSCHBURG (1916, 1928) Schulkinder mit Lese- und Schreibschwächen. Er prägte den Begriff der Legasthenie. Die Ergebnisse seiner Beobachtungen fasste er 1916 in seiner berühmt gewordenen Schrift „Die Leseschwäche (Legasthenie) und Rechenschwäche (Arithmasthenie) der Schulkinder im Lichte des Experimentes" zusammen. Die Leseschwäche war für RANSCHBURG Ausdruck einer „nachhaltigen Rückständigkeit höheren Grades in der geistigen Entwicklung des Kindes" (1928, S.89).

Das Schicksal vieler Legastheniker in den ersten siebzig Jahren des vorigen Jahrhunderts war damit besiegelt. Im Klartext bedeutete die Einschätzung von RANSCHBURG: Schülerinnen und Schüler, die besondere Schwierigkeiten beim Erlernen des Lesens haben, sind in ihrer geistigen Entwicklung so weit zurück, dass sie nur auf einer Hilfsschule hinreichend gefördert werden können. Bis in die sechziger Jahre hinein war die mangelnde Lesefertigkeit ein besonderes Kriterium für die Überweisung auf eine Hilfsschule (später Schule für Lernbehinderte, heute Förderschule Lernen).

Die Fehleinschätzungen, die sich aus den Untersuchungen von RANSCHBURG ergaben, wirken sich bis in die heutige Zeit hinein für viele Schülerinnen und Schüler verhängnisvoll aus. In Diskussionen mit Lehrerinnen und Lehrern des Gymnasiums ist noch heute zu hören: „Legasthenie ist für das Gymnasium kein Thema. Ein Kind, das nicht lesen oder schreiben kann, gehört nicht aufs Gymnasium. Da können wir ja gleich das dreigliedrige Schulsystem abschaffen!" In weiten Kreisen der Bevölkerung werden Erwachsene, die nicht lesen können, für dumm gehalten. Dieses Vorurteil ist es, warum sich erwachsene Analphabeten verstecken und verstellen und sich nur vorsichtig in die Analphabetenkurse der Volkshochschulen trauen.

1951: Legastheniker sind nicht dumm, sondern oft hoch begabt

Die Isolierung Deutschlands zwischen 1930 und 1945 sorgte dafür, dass andere Einschätzungen und Untersuchungen der Legasthenie bei uns nicht bekannt wurden. Erst 1951 brachte die Schweizer Psychologin MARIA LINDER die Diskussion um die Legasthenie wieder ins Rollen. Um die Behauptung RANSCHBURGS zu widerlegen, untersuchte sie die Intelligenz von Kindern mit Leseschwächen. Dabei kam sie zu der (für den deutschsprachigen Raum sensationellen) Feststellung, dass Kinder mit Leseschwächen in der Regel durchschnittlich bis überdurchschnittlich intelligent sind.

Insbesondere um die Legastheniker vom Stigma des dummen Hilfsschülers zu befreien, definierte LINDER: „Legasthenie ist eine spezielle und aus dem Rahmen der übrigen Leistungen fallende Schwäche im Erlernen des Lesens (und indirekt auch des selbstständigen orthographischen Schreibens) bei sonst intakter oder (im Verhältnis zur Lesefähigkeit) relativ guter Intelligenz.“

LINDERS großes Verdienst ist es, Kinder mit Lese- und Rechtschreibschwierigkeiten aus der Isolation in den Sonderschulen herausgeholt und eine breite Öffentlichkeit auf die Probleme von Legasthenikern aufmerksam gemacht zu haben. Ihre Definition der Legasthenie als Teilleistungsschwäche bei sonst guter Intelligenz räumte mit dem damals gängigen Vorurteil auf: Wer nicht Lesen lernt, ist dumm.

Von nun an riss die Diskussion um die Legasthenie in der Bundesrepublik nicht mehr ab. Wissenschaftler und Eltern betroffener Kinder bildeten eine immer stärker werdende Lobby, auf die auch die Kultusministerien Rücksicht nehmen mussten. Immerhin brauchte der Kultusminister in Nordrhein-Westfalen noch über zwanzig Jahre, bevor er 1973 festlegte, dass diese „partielle Lernschwäche … allein keine Sonderschulbedürftigkeit eines Schülers zur Folge“ haben darf. 57 Jahre nach RANSCHBURG kam für viele diese Rehabilitierung zu spät.

Nach LINDER wurde das Problem der Schülerinnen und Schüler mit Leseschwächen von den Hilfsschulen an die Volksschulen (später Grundschulen) abgegeben. Doch wer war nun sonderschulbedürftig und wer Legastheniker? Das Problem schien getreu der Definition von LINDER schnell gelöst: Legastheniker ist, wer Schwierigkeiten beim Lesen- und Schreibenlernen hat und zugleich mindestens durchschnittlich intelligent ist.

1970: Legasthenie, wenn IQ > 85 und Rechtschreibleistung < PR 15

Und wie groß dürfen die Schwierigkeiten sein? Hierauf wurde im Fernstudienlehrgang „Legasthenie" (ANGERMEIER 1974 b) eine Antwort gefunden, die zu verheerenden Folgen in der Schule führte: „Wir bezeichnen Kinder mit einem Prozentrang von 15 und weniger in einem Lese- und/oder Rechtschreibtest als Legastheniker, wenn ihre Intelligenz mindestens durchschnittlich ist. Als mindestens durchschnittliche Intelligenz gilt ein IQ von 90 und darüber, wobei der Standardmessfehler zu berücksichtigen ist, sodass als untere IQ-Grenze etwa 85 anzusehen ist."

Nichts an dieser Definition, die zahlreichen Lehrerinnen und Lehrern in „Legasthenie-Fortbildungen" vermittelt wurde, ist wissenschaftlich haltbar. Völlig unqualifiziert ist der Vergleich von Prozentrang und IQ-Punkten. Es ist so, als würde man Kubikzentimeter mit Kilogramm gleichsetzen. Das stimmt schließlich nur in einem Fall, beim Wasser. Wenn ich aber eine Flüssigkeit mit einem festen Stoff vergleichen will, muss ich mich auf eine für beide gültige Maßeinheit festlegen. Die gemeinsame Maßeinheit für Testverfahren ist der T-Wert.

Auch wird völlig außer Acht gelassen, dass der Begriff Intelligenz selbst ein verfahrensbezogenes Konstrukt ist. Es gibt nicht die Intelligenz. Wir können allenfalls von einer HAWIK-Intelligenz, einer Bildertest- oder CFT-Intelligenz sprechen. Die eine Intelligenz lässt sich mit der anderen vergleichen, aber nicht gleichsetzen! Auch der Standardmessfehler ist von Verfahren zu Verfahren verschieden definiert. Hier werden Äpfel mit Vögeln verglichen (welcher Apfel und welcher Vogel?).

Viel wichtiger aber ist die Kritik an den angegebenen Eckwerten (Prozentrang 15 für die Leseleistung und mindestens IQ 85). Diese Eckdaten können durch keine Untersuchung abgesichert werden. Das war auch gar nicht beabsichtigt. Es sind bewusst willkürliche Festlegungen. „… man wird die Grenzwerte so festsetzen müssen, dass ein wünschbarer Prozentsatz von Legasthenikern resultiert. Denn es hat ja keinen Sinn, diese Grenzwerte so festzulegen, dass man mehr Legastheniker erhält, als im Rahmen der Schule zu fördern sind." (ANGERMEIER 1976, S. 346)

Aber vielleicht war es gerade dieser zweite Satz, der die Definition von ANGERMEIER für einen Erlass und die Schule so ergiebig machte.

1.3 Die Anerkannten und die Anderen

Fast alle Bundesländer übernahmen in ihren ersten LRS-Erlassen die Definition von LINDER. Lediglich Nordrhein-Westfalen bildete hier eine Ausnahme. Der Erlass kam zwar erst spät (1973), dafür war er aber damals seiner Zeit weit voraus. Er nahm die Argumente der in den 70er Jahren einsetzenden „Anti-Legasthenie-Bewegung" (SCHLEE 1974, SIRCH 1975) bereits vorweg.

Nordrhein-Westfalen: Isolierte Lese-Rechtschreib-Schwäche, unterdurchschnittliche Rechtschreibleistungen bei durchschnittlichen sonstigen Schulleistungen

Der LRS-Erlass in Nordrhein-Westfalen spricht nicht von „Legasthenie", sondern von Schülerinnen und Schülern mit „isolierter Lese-Rechtschreib-Schwäche". Er definiert nicht in Anlehnung an die Intelligenz, sondern an die Schulleistungen: „Unter Schülern, bei denen Schwächen beim Erlernen des Lesens und Schreibens, insbesondere des Rechtschreibens auftreten, gibt es einzelne, die eine ausgeprägte und auf diesen Bereich begrenzte Lernschwäche zeigen. Sie fällt aus dem Rahmen der sonstigen schulischen Leistungen des Schülers, die durchschnittlich oder sogar gut sein können."

Leider konnte sich in den Schulen diese dem Problem sehr viel besser entsprechende Definition nicht durchsetzen. Entgegen dem Sinne des Erlasses sah und sieht die Praxis der Selektion anders aus. Der Kultusminister machte damals den entscheidenden Fehler, seine Lehrerinnen und Lehrer mit Hilfe des Fernstudienlehrganges „Legasthenie" (LINDER u. VALTIN) fortbilden zu lassen. Hier aber standen die Definitionen von LINDER und ANGERMEIER. Die Entwicklung der Legasthenie in Nordrhein-Westfalen ist ein gutes Beispiel dafür, wie ein zu seiner Zeit guter Erlass durch eine Lehrerfortbildung in der Praxis ins Gegenteil verkehrt werden konnte.

Schulische Praxis in den 70ern: Legastheniker ist, wer im Legasthenietest schlecht abschneidet

In den 70er Jahren wurden in den meisten Grundschulen Ende der Klasse 2 fragwürdige Intelligenztests und nur unzureichend standardisierte Rechtschreibtests durchgeführt. Die Ergebnisse dieser Testung entschieden dann über die Teilnahme an einem LRS-Förderkurs. Wer das Glück hatte und bei dem entsprechenden Intelligenztest gut abschnitt, wurde als Legastheniker anerkannt. Wer beim Intelligenztest einen schlechten und beim

Rechtschreibtest einen guten Tag erwischt hatte, dem blieb oftmals die besondere Förderung versagt. In vielen Schulen entstand eine Zwei-Klassen-Gesellschaft: die Anerkannten und die Anderen.

Für die meisten Lehrerinnen und Lehrer war es auf Dauer unbefriedigend, die Zuweisung eines Kindes zum LRS-Förderkurs von einer einmaligen Testung abhängig zu machen. Mit einem „schlechten Gewissen" (Darf ich das denn?) wiesen sie auch solche Kinder in die Förderung, die beim „Legasthenie-Test" zu gut oder zu schlecht abgeschnitten hatten.

Es ist legitim, dass sich die Interessenvertreter der Legastheniker (die Landesverbände und der Bundesverband Legasthenie) dafür einsetzen, dass ihr Klientel, die „klassischen Legastheniker", in den Genuss einer besonderen Förderung kommen. Die Schule muss jedoch alle Schülerinnen und Schüler mit Lese-Rechtschreib-Schwierigkeiten sehen.

> Alle Kinder mit Schwierigkeiten beim Erlernen des Lesens und der Rechtschreibung haben ein Recht auf eine gezielte und qualifizierte Förderung!

Von diesem Grundsatz ausgehend wird jede Definition der Legasthenie für die schulische Praxis (und natürlich auch für LRS-Erlasse) überflüssig. Wenn alle Kinder mit Schwierigkeiten beim Erlernen des Lesens und der Rechtschreibung besonders gefördert werden müssen, dann ist die Schülerleistung zugleich auch das Selektionskriterium. Hierfür brauchen wir keinen Rechtschreib- und schon gar keinen zweifelhaften Intelligenztest.

KMK-Empfehlung 1978: Förderung von Schülern mit besonderen Schwierigkeiten beim Erlernen des Lesens und Rechtschreibens

Auf genau diesen Standpunkt einigten sich bereits 1978 die Kultusminister in einer KMK-Empfehlung zur „Förderung von Schülern mit besonderen Schwierigkeiten beim Erlernen des Lesens und des Rechtschreibens". Die nordrhein-westfälischen Ansichten setzten sich hier weitgehend durch. In dieser Empfehlung wird nicht von Legasthenikern, sondern von Schülern mit „besonderen Schwierigkeiten im Lesen und Rechtschreiben" gesprochen. Und definiert werden sie operational über die Lese- und Rechtschreibleistungen: „Besondere Fördermaßnahmen sollen für Schüler vorgesehen werden, die die Ziele des Lese- und/oder Rechtschreibunterrichts der Jahrgangsstufe 2 noch nicht erreicht haben sowie für Schüler der Jahrgangsstufen 3 und 4, deren Leistungen im Lesen und/oder Rechtschreiben über einen Zeitraum von mindestens drei Monaten hinweg schlechter als ausreichend bewertet werden."

Wieder dauerte es viele Jahre, bis diese Empfehlung in neuen LRS-Erlassen Eingang fand. Das Schlusslicht bildete hier Nordrhein-Westfalen. Das lag nicht allein am Kultusminister, sondern auch daran, dass sich viele Legasthenie-Lobbyisten nicht damit abfinden konnten, dass die Sonderstellung „des Legasthenikers" aufgegeben werden sollte. Und vielleicht ist es besser, ein Erlass kommt spät und ist dafür gut, als dass er so früh kommt wie in Schleswig-Holstein. Hier heißt es im noch heute gültigen Erlass von 1985: „Eine Legasthenie liegt vor, wenn bei mindestens durchschnittlicher Intelligenz erhebliche Ausfälle im Lesen und/oder in der Rechtschreibung auftreten". So bleibt die Zwei-Klassen-Förderung erhalten – denen da oben.

KMK-Empfehlung 2003: Bayern prescht vor – doch sonst bleibt alles beim Alten.

Seit man sich in der KMK-Empfehlung von 1978 von der Legasthenie verabschiedet hatte, hörten die Legasthenie-Lobbyisten nicht auf, diese „unsägliche und für die Kinder schädliche Empfehlung" zu kritisieren. Zwanzig Jahre nach der KMK-Empfehlung preschte Bayern mit einem neuen LRS-Erlass vor. Hier wurde erstmals differenziert zwischen
„1. Lese- und Rechtschreibstörung (Legasthenie)
2. Lese- und Rechtschreibschwäche (LRS)
3. Schüler mit sonderpädagogischem Förderbedarf"

Seitdem gibt es in Bayern echte Legastheniker, für die Notenschutz bis zum Abitur gilt, und Kinder mit LRS, für die genau dies nicht gilt. Aufwändige psychiatrische und psychologische Gutachten sollen den Lehrern helfen, diese Unterscheidung nachzuvollziehen.
    Der Versuch, diese Unterscheidung zwischen Legasthenie und LRS bundesweit über eine neue KMK-Empfehlung einzuführen, scheiterte. In der Zwischenzeit hatten sich einige Bundesländer auf den Weg gemacht und die LRS-Problematik in auch für andere Lernschwierigkeiten geltende Richtlinien zur Förderung von Kindern mit besonderen Lernschwierigkeiten zu überführen. Vorreiter waren hier Rheinland-Pfalz (1993) und Thüringen (1998).
    Es ist in der Tat nicht einzusehen, warum Schwierigkeiten beim Erlernen des Lesens- und Rechtschreibens in der Schule anders behandelt werden sollen als Schwierigkeiten beim Erlernen des Rechnens oder Lernschwierigkeiten, die sich aus besonderen Begabungen ergeben.
    In der Runde der Kultusminister standen sich demnach zwei unversöhnliche Positionen gegenüber. Auch die mit der Anfertigung von Gutachten

beauftragten Experten kamen zu völlig gegensätzlichen Empfehlungen. Legasthenie als vererbte Krankheit auf der einen Seite und schulische Förderempfehlungen für alle Kinder mit Lernschwierigkeiten auf der anderen Seite. Wie so oft im föderalen Bildungswesen einigte man sich letztlich mit den „Grundsätzen zur Förderung von Schülerinnen und Schülern mit besonderen Schwierigkeiten im Lesen und Rechtschreiben" (2003) auf den kleinsten gemeinsamen Nenner:

„Es gibt Schülerinnen und Schüler mit besonderen Schwierigkeiten im Lesen und Rechtschreiben. ... Die pädagogische, psychologische und medizinische Forschung auf diesem Gebiet ist kontrovers und hat viele Fragen nicht abschließend geklärt. Unbestritten ist, dass die Diagnose und die darauf aufbauende Beratung und Förderung der Schülerinnen und Schüler mit besonderen Schwierigkeiten im Lesen und Rechtschreiben zu den Aufgaben der Schule gehört."

Und in der Frage des Notenschutzes, an dem sich vor allem die Geister schieden, fand man eine schöne butterweiche Formulierung, die keinem weh tat und alles zulässt:

„Vorrangig vor dem Abweichen von den allgemeinen Grundsätzen der Leistungserhebung und Leistungsbewertung sind Hilfen im Sinne eines Nachteilsausgleichs vorzusehen. Insgesamt sind Maßnahmen denkbar wie z. B.

- Ausweitung der Arbeitszeit, z. B. bei Klassenarbeiten,
- Bereitstellen von technischen und didaktischen Hilfsmitteln,
- Einordnen der schriftlichen und mündlichen Leistung unter dem Aspekt des erreichten Lernstandes mit pädagogischer Würdigung."

Nun, liebe Leserinnen und Leser, wissen Sie, was man in den Kultusministerien für „denkbar" hält. Aber was denkbar ist, muss nicht unbedingt zugleich auch machbar sein.

„Als Abweichungen von den allgemeinen Grundsätzen der Leistungserhebung und Leistungsbewertung kommen in Betracht:

- stärkere Gewichtung mündlicher Leistungen, insbesondere in Deutsch und den Fremdsprachen,
- Verzicht auf eine Bewertung der Lese- und Rechtschreibleistung in allen betroffenen Unterrichtsgebieten, nicht nur im Fach Deutsch,
- Nutzung des pädagogischen Ermessensspielraumes und zeitweiser Verzicht auf die Bewertung von Klassenarbeiten während der Förderphase.
- Für schriftliche Arbeiten oder Übungen in den übrigen Lernbereichen und Fächern kann vorgesehen werden, die Rechtschreibleistungen bei den Beurteilungen nicht mit einzubeziehen."

Bundesland	Erlass Jahr	Der Erlass bezieht sich auf …				Notenschutz	
		a)	b)	c)	d)	verbindlich	kann
KMK-Empfehlung	2003	X					X
Baden-Württemberg	1997	X				X	
Bayern	1999	X				X Lega.	X LRS
Berlin – Sek 1	2005	X					X
Berlin – GS	2005	X					X
Brandenburg	2001	X					X
Bremen	2005	X					X
Hamburg	1996	X					?
Hessen	1995	X				X (2004)	
Mecklenburg-Vorpommern	2005		X				X
Niedersachsen	2005		X				X
Nordrhein-Westfalen	1991	X					X
Rheinland-Pfalz	1993			X			X
Saarland	1998	X					X
Sachsen	2001	X					X
Sachsen-Anhalt	1992	X					?
Schleswig-Holstein	1985	X			X		
Thüringen	1998			X			X

Es kommt in Betracht, man kann, man kann aber auch nicht. Wen wundert es, dass nach dieser KMK-Empfehlung die neuen Erlasse in verschiedenen Bundesländern genauso unterschiedlich ausfielen wie zuvor. Die Tabelle gibt einen groben Überblick über die derzeitige Erlasslage. Der Erlass bezieht sich in einigen Bundesländern auf

a) die Unterscheidung zwischen Legasthenie einerseits und Lese- und Rechtschreibschwäche bzw. -störung andererseits

b) Lese-Rechtschreibschwierigkeiten
c) Lese-Rechtschreibschwierigkeiten und Schwierigkeiten beim Erlernen des Rechnens
d) allgemein auf Lernschwierigkeiten

In einigen Bundesländern gibt es einen verbindlichen Notenschutz (in Bayern nur für anerkannte Legastheniker), in anderen Bundesländern ist dies nur eingeschränkt möglich.

„Gut Ding braucht Weile" heißt es so schön. Irgendwann werden auch die anderen Bundesländer den Beispielen aus Rheinland-Pfalz und Thüringen folgen und über den Tellerrand der Legasthenie hinweg die „Förderung aller Kinder bei Schwierigkeiten im Lernen" in den Mittelpunkt ihrer „Fördererlasse" rücken.

Und irgendwann – vielleicht – werden Eltern und Lehrer verstehen, dass nicht der Notenschutz für einige wenige eine „hilfreiche Fördermaßnahme" ist. Kein Kind braucht Noten. Kinder brauchen für sie nachvollziehbare Lernziele (Lehrpläne für Kinder) und sie brauchen eine konsequente und kontinuierliche Rückmeldung über ihren Lernstand und ihre Lernfortschritte.

1.4   Ursachensuche

Für die schulische Förderung ist es nur von geringer Bedeutung zu wissen, was Legasthenie ist und wer ein „echter" Legastheniker ist. Die Schule – und insbesondere die Grundschule – hat den Auftrag, Kinder das Lesen und Schreiben zu lehren – und zwar allen! Aussonderungen einiger weniger helfen weder den einen („echten") noch den anderen.

Ursache 1910 bis 1950: kognitive Retardierung

Zu RANSCHBURGS Zeiten war es noch ganz einfach: Es liegt eine allgemeine kognitive Retardierung vor. Legastheniker sind halt dumm – Punkt. Mit LINDERS Untersuchungen wurde auf einmal alles viel komplizierter. Wenn die Legastheniker durchschnittlich intelligent sind, woran liegt es dann, dass sie nicht das Lesen lernen?

Wie schon viel früher im skandinavischen und angloamerikanischen Sprachraum, so setzte nach 1950 auch in Deutschland und Österreich eine intensive Suche nach den Ursachen der Legasthenie ein. Man muss die junge deutsche Geschichte kennen, um zu verstehen, warum im deutschsprachigen Raum zunächst völlig andere Ursachen ausgemacht wurden als in den Vereinigten Staaten.

1.5 Nicht von schlechten Eltern

In den Jahren der Hitler-Diktatur war Deutschland von den wissenschaftlichen Forschungen im Ausland weitgehend abgeschnitten. Eine Legasthenie-Forschung fand hierzulande nicht statt. Die nationalsozialistische Propaganda veränderte das Bewusstsein der Menschen nachhaltiger, als wir dies nach dem verlorenen Krieg wahrhaben wollten.

Ursache 1950 bis 1970: Erziehung und Milieu

Wer die jüngere deutsche Geschichte kennt, der wundert sich nicht, dass in den 50er und 60er Jahren Legasthenie bei uns zunächst vornehmlich eine sozioökonomische Störung war. Vererbung kam bei Ariern nicht in Betracht, alles war Erziehungssache. Noch ANGERMEIER schrieb in seinem für viele „Legasthenie-Lehrer" zum Lehrbuch gewordenen Buch „Legasthenie" (1976, S. 76): Legasthenie beruht „nicht auf einem vererbten Hirnschaden … Wenn es auch in Wirklichkeit schlechterdings unmöglich ist, die Einflüsse der Umwelt und der Vererbung auseinanderzuhalten, gibt es doch gerade im Falle der Legasthenie sehr viele Anhaltspunkte für eine milieutheoretische Erklärung."

Insbesondere die Annahmen über familiäre Ursachen sind oft an den Haaren herbeigezogen und spekulativ. „Wie die Erfahrung in unserer Erziehungsberatungsstelle zeigt, ist Legasthenie in der Regel ein Hinweis auf Konflikte in der Beziehung des Legasthenikers zu seiner Umwelt, speziell in seiner Beziehung zur Familie und der Beziehung der Familie zu ihm." (GRÜTTNER 1980, S. 23) Oder noch toller: „Die Geschwisterrivalität spielt bei der psychischen Entwicklung gerade des legasthenischen Kindes eine besondere Rolle. … Besonders anfällig für Legasthenie sind: 1. Jungen als Einzelkinder, 2. Jungen mit einer Zwillingsschwester, 3. Jungen mit einer kleineren Schwester, 4. Jungen mit einer größeren Schwester." (SOMMER 1972, S. 60) Das kann nur ein Scherz sein. Verständlich, dass die Elternverbände gegen diese Zuschreibungen Sturm liefen.

Das heißt jedoch nicht, dass aus den Köpfen vieler Lehrpersonen diese milieutheoretischen Vorurteile verbannt wurden. Im Gegenteil: Sie haben sich bis heute gehalten. So ist zu verstehen, dass nicht selten von ihnen das Problem in vielfältiger Weise abgewehrt oder gar an die Eltern „zurück"-gegeben wird: besondere Hausaufgaben, Arbeitsblätter und zusätzliche Übungen, die die Kinder zu Hause (mit der Mutter natürlich) bearbeiten sollen. Die Bearbeitung und Lösung des Problems auf „zusätzliche häusliche Übungen" zu verschieben, hat seinen Ursprung in diesen alten milieutheoretischen Erklärungen.

Lesen und Schreiben hat noch immer in unserer Gesellschaft einen hohen Stellenwert. Häufig reagieren Eltern auf entsprechende Schwierigkeiten ihres Kindes ratlos und empfindlich. Wer bei seinem eigenen Kind erlebt hat, wie es sich nachmittags bei den Hausaufgaben quält, auf der Suche nach Anerkennung in der Schule Unfug macht, sich um zusätzliche Übungen herumdrückt, wer immer wieder gesagt bekommt: „Sie müssen mit Ihrem Kind mehr üben!" oder „Ihrem Kind fehlt Selbstvertrauen und Zuwendung", versteht, warum Eltern in diesem Punkt empfindlich reagieren.

Die viel zitierten Untersuchungen von Valtin (Malmquist/Valtin 1974, S. 91 ff.) kommen zu dem Schluss, dass es signifikante Zusammenhänge gibt zwischen der Lesefertigkeit eines Kindes und

- der Schulbildung der Eltern,
- der Zugehörigkeit zu einer bestimmten Sozialgruppe,
- der Zahl der Bücher im Hause,
- dem geschätzten Gesamteinkommen der Eltern,
- der Zahl der Zimmer im Hause
- und der Möglichkeit des Kindes, über ein eigenes Zimmer zu verfügen.

> Die nachgewiesenen Zusammenhänge zwischen dem sozialen Milieu und Lese-Rechtschreib-Schwächen sind plausibel – Ursachen sind es jedoch nicht!

Und ist es nicht Aufgabe der Schule, jedem Kind das Lesen beizubringen, auch dann, wenn es kein eigenes Zimmer zu Hause zur Verfügung hat, die Eltern keine Bücher lesen und nur über ein geringes Einkommen verfügen? Natürlich ist das schwieriger, aber doch nicht unmöglich.

Die KMK-Empfehlung von 1978 stellte fest: „Das Lesen und Schreiben zu lehren gehört … zu den Hauptaufgaben der Grundschule, und es ist ihre pädagogische Aufgabe, dafür zu sorgen, dass möglichst wenige Schüler gegenüber diesen Grundanforderungen versagen." Das gilt auch, wenn die Kinder aus Familien mit schwierigen sozialen Verhältnissen kommen, auch dann, wenn die Eltern keine Zeit haben, ihrem Kind bei den Hausaufgaben zu helfen.

„Jedes Kind ist entsprechend seinen individuellen Lernvoraussetzungen in der Lerngruppe zu fördern. Die pädagogische Arbeit in der Grundschule orientiert sich deshalb vorrangig am Lernstand, den Lernbedingungen und Arbeitsmöglichkeiten des einzelnen Kindes. Dies gilt für Kinder mit Lernschwierigkeiten ebenso wie für Kinder, denen das Lernen leicht fällt oder die besondere Interessen zeigen." Fördererlass Rheinland-Pfalz, 1993.

1.6 Lehrerinnen und Lehrer mit schlechtem Gewissen

Dem Vorurteil vieler Lehrerinnen und Lehrer, dass letztendlich die Familie für das Versagen des Kindes verantwortlich ist, steht ein ebensolches Vorurteil seitens der Eltern gegenüber. „Sie haben es doch studiert, sie müssen doch wissen, wie man meinem Kind Lesen und Schreiben beibringen kann!" Und ist es nicht auch wirklich so, dass ein „ungünstig verlaufener Lese- und Schreiblehrgang in der Grundschule" (LRS-Erlass von NRW 1973) das Legasthenie-Problem erst schafft?

Ursache 1970 bis 1980: die Schule

Auch zum Umweltfaktor Schule wurden viele Untersuchungen gefertigt. Die heißeste Diskussion entbrannte um die Leselernmethode: Ganzheits- versus synthetische Methode. Der Methodenstreit endete unentschieden. Nach den Untersuchungen in den 60er Jahren (SCHMALOHR 1964, MÜLLER 1970) ist die eine Methode so gut wie die andere – oder aus heutiger Sicht besser gesagt: die eine so schlecht wie die andere.

Alle anderen Untersuchungsergebnisse sind so überflüssig wie plausibel, ähnlich denen der familiären Bedingungen. „In unseren Untersuchungen konnten wir signifikante Zusammenhänge zwischen dem Lebensalter des Lehrers und der Lesefertigkeit der Schüler feststellen. Außerdem erreichten Lehrer mit mehr als 12 Dienstjahren in ihren Klassen signifikant bessere Ergebnisse beim Lesen als Lehrer mit weniger als 12 Dienstjahren. Dagegen war der Zusammenhang zwischen den Kenntnissen und der Lehrbefähigung, gemessen an der Abgangszensur des Lehrerseminars und den Leseleistungen der Schüler, nicht signifikant." (MALMQUIST/VALTIN 1974, S. 100 ff.) Das war's dann auch schon. Doch wen überraschen diese Erkenntnisse?

Es ist keine Frage, dass es Lehrerinnen und Lehrer gibt, die schlechten Unterricht machen. Die Gruppe der Lehrer ist „normalverteilt". Und so gibt es gute und schlechte. Auch ist richtig, dass wir ohne Schule und ohne Schulpflicht keine lese- und rechtschreibschwachen Schülerinnen und Schüler hätten. (Dann könnten auch nur die wenigsten lesen.) Dennoch ist umgekehrt Schule nicht „die" Ursache der Legasthenie. Es macht keinen Sinn, Lehrerinnen und Lehrer permanent ein schlechtes Gewissen einzureden, ihnen immer wieder „durch die Blume" zu sagen: Wenn ihr besseren Unterricht machen würdet, gäbe es das Problem Legasthenie nicht. Insbesondere bei Schulleitern und in der Schulaufsicht schwingen diese und ähnliche Vorstellungen mit, von den Interessenverbänden der Eltern einmal ganz abgesehen.

Die Kultusminister unterliegen einem Irrtum, wenn sie glauben: „Es ist zu erwarten, dass in dem Maße, wie der Erstlese- und Schreibunterricht in den Anfangsjahrgängen der Grundschule systematisch und sachgerecht erteilt wird, die Anzahl derjenigen Schüler sich verringert, die nach der Jahrgangsstufe 2 besonderer Fördermaßnahmen bedürfen." (KMK-Beschluss 1978) Soll das etwa heißen, dass die Lehrerinnen und Lehrer an den Grundschulen vor 1978 keinen „systematischen und sachgerechten" Unterricht erteilt haben?

Nein, so stimmt das nicht – im Gegenteil. Überspitzt könnte man Legasthenie genauso gut auch so definieren:

> Legastheniker sind solche Schülerinnen und Schüler, bei denen trotz eines sorgfältig durchgeführten Lese- und Schreiblehrgangs besondere Schwierigkeiten beim Erlernen des Lesens und Rechtschreibens auftreten.

Gerade für diese Schülerinnen und Schüler brauchen wir „Grundsätze zur Förderung", ganz gleich, ob wir dies LRS-Erlass oder Fördererlass nennen. Was wir nicht brauchen, sind Stigmatisierungen und Aufsplitterungen in kranke (Legasteniker) und andere (LRS). Und dennoch: Es ist zwar verführerisch, zugleich aber auch trügerisch zu glauben, durch neue Richtlinien oder einen verbesserten Anfangsunterricht könnte man sich des Legasthenie-Problems endgültig entledigen.

1.7　Gestörte und defekte Kinder

Es ist nicht verwunderlich, dass die ersten deutschsprachigen Untersuchungen über organische Bedingungen in der Legasthenie aus Österreich (SCHENK-DANZIGER) und der Schweiz (WEINSCHENK, GRISSEMANN) kamen. In vielen Untersuchungen in den 70er Jahren versuchte man, „die" Ursache für die Lese-Rechtschreib-Schwäche zu finden. Natürlich wurde heftig gestritten, was denn nun als „eigentliche" Ursache angesehen werden muss: Deutungsschwäche, Gliederungsschwäche, Syntheseschwächen, Speicherschwächen, Raumlagelabilität, Schwäche in der auditiven Diskrimination, Sprachstörungen, gestörte Lateralitätsstruktur, gestörtes Körperschema, Hirnfunktionsstörungen bzw. Störungen in der Hirnentwicklung, Störungen der sensorischen Integration und der neurologischen Organisation sowie erbbedingte bzw. genetische Störungen.

So manche Untersuchung hätte auch einen Preis für kreative Wortschöpfungen verdient. Da ist von Lautnuancentaubheit, von akusto-artikulatorischer Ausgangsbasis, Reihungs- und Transponierungsschwächen, von Feldverflachung und Aufgliederungsschwäche die Rede, von neurotoider LRS, gnostischer Störung, Feindetailbehaltensschwäche, und, ein besonders schöner Zungenbrecher: verbosensomotorische Retardierung.

Insbesondere die Amerikaner sind außerordentlich erfinderisch, immer wieder sehr publikumswirksam mit „der" Ursache für die Lese-Rechtschreibschwierigkeiten aufzuwarten. Von Hirnfunktionsstörungen über die Linkshändigkeit bis zu speziellen Sehstörungen ist alles vertreten.

Immer wieder gehen durch die deutschen Medien amerikanische Sensationsmeldungen von „der" Ursache. Im April 1989 berichtete D. E. ZIMMER in DIE ZEIT, dass HELEN IRLE als eine wesentliche Ursache für die Legasthenie eine spezielle Sehstörung, das skotopische Sensitivitäts-Syndrom, ausmachen konnte. Bei 74 % der Legastheniker wurde diese Störung festgestellt. Etwa der Hälfte hiervon, so behauptete IRLE, kann durch eine farbige Spezialbrille innerhalb kürzester Zeit (und kostengünstig, ca. 350 Euro) geholfen werden. „Die Brille ist kein Wundermittel und wird nicht als solches ausgegeben ... Wo sie helfen kann, ist die Verbesserung allerdings oft schlagartig und dramatisch." Seit 1983 sind die IRLE-Gläser bekannt. VELLUNTINO, ein guter Kenner der amerikanischen Legasthenie-Forschung, bestritt schon 1985: „Weit verbreitet ist ebenfalls der Irrtum, dass Leseprobleme durch Wahrnehmungsfehler bedingt seien, die mit motorischen und visuomotorischen Fehlern und Defekten des Auges zu tun haben."

Es ist nicht alles unbedingt neu, was über den großen Teich zu uns kommt. Bereits 1984 beschrieb PESTALOZZI (ein Schweizer Augenarzt) spezifische Sehprobleme bei Legasthenikern. Treffender bezeichnete er diese als Astigmatismus (Brechungsanomalie, z.B. durch Hornhautverkrümmung) und Heterophobie (latentes leichtes Schielen). Auch PESTALOZZI schilderte erstaunliche Erfolge mit Spezialbrillen (Prismenbrillen).

Wir müssen vorsichtig sein mit der kritiklosen Übernahme von Sensationsmeldungen und „einfachen" Heilungen der Legasthenie. Selbst wenn die Untersuchungen von IRLE und PESTALOZZI und deren rasche Behandlung durch Spezialbrillen stimmen, so muss dies doch nicht in gleicher Weise auch für die Bundesrepublik gelten. Natürlich muss bei Leseschwierigkeiten grundsätzlich auch an Sehprobleme gedacht werden. Bei uns sehen jedoch die Vorsorgeuntersuchungen ganz anders aus als in anderen Ländern. Fast alle Kinder werden bei uns durch die Kleinkinduntersuchungen erfasst. Bei der so genannten „U 8" ist eine Überprüfung der Sehtüchtigkeit obligatorisch. Und auch im Kindergarten und vor der Einschulung werden alle Kinder von den Gesundheitsämtern einem Sehtest unterzogen. Viele Sehfehler, wenngleich auch nicht alle, fallen hier auf.

In neuerer Zeit werden „durchschlagende" Erfolge mit einem neuen „Sehtraining im Blicklabor" (Universität Freiburg) gemeldet. Im Gegensatz zu früheren Untersuchungen geht man hier jedoch davon aus, dass nicht so sehr die Sehfunktion, sondern die Sehverarbeitung im Gehirn (Wahrnehmung) gestört ist. Untersuchungen zeigen, dass dieses Training im Blicklabor durchaus einigen Kindern helfen kann. Diese spezifische Schwierigkeit der Sehverarbeitung ist jedoch nicht „die" Ursache der Legasthenie und diese Art der Förderung hilft bei weitem nicht allen Kindern. Und auch im Blicklabor lernen Kinder nicht, ob das Wort „Mutter" mit einem oder zwei *t* geschrieben wird.

1.8   Zurück zu den Genen

Viele Untersuchungen waren Eintagsfliegen, die schnell widerlegt wurden, viele waren unsauber und statistisch nicht haltbar. Viele Ergebnisse waren an einer zu geringen Stichprobe gewonnen worden, um als allgemein gültig anerkannt zu werden. Aus allen Untersuchungen lassen sich als gesicherte Erkenntnisse (zumindest bisher unwiderlegt) festhalten:

- Leseschwächen kommen in allen Kulturen mit Schriftsprache vor.
- Jungen entwickeln vier- bis zehnmal häufiger Leseschwierigkeiten als Mädchen.

Beide Ergebnisse sprechen dafür, dass es sich bei der Legasthenie um eine Funktionsstörung des Gehirns handelt. Man muss also doch noch einmal der Frage nachgehen, inwieweit hierbei konstitutionelle (genetische und/ oder neurologische) Faktoren eine Rolle spielen.

In vielen neueren Untersuchungen (vor allem in den Vereinigten Staaten) zunehmend aber auch in Deutschland und den skandinavischen Ländern werden Sprachstörungen und Störungen der Sprachentwicklung als Ursachen der Legasthenie ausgemacht. Einige Forscher versuchen, diesen Störungen weiter auf den Grund zu gehen. Dabei gehen sie von folgender

Überlegung aus: Wenn wir eine Gliederungsschwäche feststellen, wenn wir experimentell nachweisen können, dass leseschwache Kinder Schwierigkeiten haben, Wörter in Sprachlaute zu zerlegen, sprachliche Informationen nicht codieren können (phonematische Bewusstheit), dann liegt es nah, danach zu fragen, ob die Schwierigkeiten beim Schriftspracherwerb auf eine Sprachstörung schließen lassen.

In diesem Falle müssten wir aber auch Sprachstörungen oder doch zumindest Verzögerungen in der Sprachentwicklung feststellen können. Hierbei stellen wir gehäuft eine verlangsamte oder gestörte Lateralitätsentwicklung fest. Von der Lateralitätsentwicklung wissen wir, dass diese zwischen Jungen und Mädchen unterschiedlich schnell vonstatten geht.

Von ähnlichen Überlegungen gingen bereits einige Wissenschaftler in den 60er Jahren aus. Frühere Vertreter dieser Richtungen waren DELACATO (1970) und AYRES (1984). In den früheren 80er Jahren fanden amerikanische Ärzte (PENNINGTON/SMITH 1987) Hinweise für eine genetische Basis der Legasthenie. Sie fanden auf dem 15. Chromosom Anzeichen für ein dominantes Chromosom bei mehreren Personen in Familien, bei denen bereits Legasthenie über Generationen vorkommt. In diesen Familien kamen auch gehäuft Störungen des Immunsystems, Sprachstörungen und Störungen der Lateralitätsstruktur vor. Ein Fehlen der sonst üblichen Asymmetrie der beiden Hirnhälften, insbesondere in den Sprachregionen, stellte auch GALABURDA (1987) bei der Obduktion der Gehirne einiger männlicher Legastheniker fest.

Auch im deutschsprachigen Raum suchen Mediziner, Neurobiologen und -psychologen (WARNKE 1990, ROSENKÖTTER 1997, SCHULTE-KÖRNE 2001) nach Genen, die für die Entwicklung der Legasthenie verantwortlich sind. „Kandidatenregionen finden sich auf den Chromosomen 1, 2, 6, 15 und 18" (SCHULTE-KÖRNE 2001). Bei ca. 60 % der Kinder mit Legasthenie sollen genetische Einflüsse vorliegen.

Nun wissen wir heute noch viel zu wenig über die Plastizität des Gehirns, um sagen zu können, inwieweit hier durch frühe Förderung eine Störung kompensiert werden kann. Auch bedeuten diese Forschungsergebnisse nicht, dass an den Lese- und Rechtschreibschwierigkeiten nichts zu ändern ist, da sie ja neurologisch oder gar genetisch bedingt sind. Im Gegenteil: Diese an den „Ursprung" heranführenden Untersuchungen machen darauf aufmerksam, dass bereits die Voraussetzungen zum Lesen- und Schreibenlernen sehr komplexe Prozesse sind.

1.9 Risikokinder

Natürlich (und das behaupten weder GALABURDA noch PENNINGTON oder SMITH) gibt es kein „Legasthenie-Gen auf Chromosom 6 oder 15". Gerade diese Forscher weisen unermüdlich darauf hin, dass ein solches Gen (ließe es sich irgendwann einmal identifizieren) keine kausale Erklärung der Legasthenie ist. – Es ist eine Disposition, die zu einer Störung z. b. der motorischen und der Gehirnentwicklung, diese dann zu einer Beeinträchtigung der Sprachentwicklung und in Folge zu Schwierigkeiten bei der Lautanalyse führen kann. Dies hat dann unter weiteren ungünstigen Bedingungen negativen Einfluss auf das Erlernen des Lesens und Rechtschreibens.

Es ist erstaunlich, dass uns gerade die Skalpellakrobaten und Reagenzglasschwenker auf den eigentlichen Sinn der ganzen Ursachenforschung zurückführen. Ziel war und ist es doch letztlich, Strategien zu entwickeln, durch die eine Entwicklung von Lese- und Rechtschreibschwierigkeiten verhindert werden kann.

Wende in den 80er Jahren: Abkehr von der Ursachensuche hin zu den Voraussetzungen

Seit Anfang der 80er Jahre erscheinen mehr und mehr Untersuchungen, woran man bereits vor Schuleintritt feststellen kann, ob ein Kind später einmal Schwierigkeiten beim Erlernen des Lesens haben wird. Am weitesten fortgeschritten waren seinerzeit die Untersuchungen von BREUER und WEUFFEN (1986). Die von ihnen entwickelte und für die Schule und den Schulkindergarten leicht zu handhabende „Differnzierungsprobe" war gut geeignet, recht frühzeitig „Risikokinder" ausfindig zu machen.

Anfang der 90er Jahre rückte dann die Sprachentwicklung in den Mittelpunkt des Forschungsinteresses. In einer groß angelegten Längsschnittuntersuchung an der Universität Bielefeld wurden Möglichkeiten der Früherkennung und Prävention von Lese-Rechtschreib-Schwierigkeiten untersucht. In der Bielefelder Studie geht man davon aus, dass Lese- und Rechtschreibschwierigkeiten mit einer Störung des „phonematischen Bewusstseins" zusammenhängen. Damit beziehen sich die Bielefelder Wissenschaftler auf die Erfahrung, dass es Kindern mit Leseschwierigkeiten schwer fällt, die Sprache analytisch zu durchschauen.

Während BREUER und WEUFFEN sowohl die optische, phonematische, kinästhetische, melodische und rhythmische Differenzierungsfähigkeit überprüfen, konzentriert sich die Bielefelder Studie auf eine sehr differenzierte Überprüfung des sprachlichen Bereichs. So werden Vorschulkindern hier Aufgaben vorgelegt, bei denen sie herausfinden sollen, ob sich ein Wortpaar reimt, welcher Buchstabe im Vergleich zweier Wörter fehlt. Untersucht wird, ob Kinder die Stellung eines Buchstabens im Wort analysieren können usw.

Der Unterschied zu früheren Untersuchungen liegt darin, dass hier nicht nach den Ursachen der Legasthenie gefragt wird, sondern danach, welche Voraussetzungen Kinder zum erfolgreichen Lesen- und Schreibenlernen brauchen. Dies kennzeichnet eine entscheidende Wende in der Legasthenieforschung.

Das Bielefelder Screening-Verfahren wird heute in vielen Kindergärten zur Erfassung der „phonologischen Bewusstheit" eingesetzt. In der Folge werden dann schon im Kindergarten mit den Kindern Förderprogramme zur Verbesserung der Sprachkompetenz durchgeführt.

1.10 Keiner weiß Bescheid

Doch trotz allem: Die meisten Wissenschaftlerinnen und Wissenschaftler haben inzwischen den Überblick über die umfangreiche Legasthenieforschung verloren. Allein im angloamerikanischen Raum wurden in den Jahren 1960 bis 1985 annähernd 10 000 Veröffentlichungen zum Themenbereich Dyslexie gezählt. Bei uns dürften es ebenfalls einige Tausend sein. Gibt man in Internetsuchmaschinen das Stichwort „Legasthenie" oder „Dyslexie" ein, so wird der Suchvorgang nach ca. 1,5 Millionen Einträgen abgebrochen. Selbst jenen Wissenschaftlern, die sich bereits seit Jahrzehnten mit dem Problem beschäftigen, wird es heute schwerfallen, eine umfassende Wertung aller Ergebnisse der Legasthenieforschung vorzunehmen. Dies erscheint heute kaum noch möglich.

Und was bleibt als Fazit der unendlichen Geschichte der Ursachensuche der Legasthenie?

Das Einzige, was wir sicher wissen, ist:
1. Es gibt keine organische, psychische und soziale Bedingung, die in jedem Falle zu einer LRS führt.
2. Es gibt keine Bedingung, die als einzige zu Lese- und Rechtschreibschwierigkeiten führt.
3. Es gibt mehr Jungen als Mädchen, die Lese- und Rechtschreibschwierigkeiten entwickeln.
4. Lese- und Rechtschreibschwierigkeiten entwickeln Kinder in allen Kulturen mit einer an Buchstaben orientierten Schriftsprache.

Aber ist das als überdauerndes Ergebnis nicht zu wenig für so viel For-schung? Ich glaube nicht. Wir haben viel gelernt über das Lesenlernen. Und vielleicht sind gerade jene Untersuchungen die wichtigsten gewesen, die inzwischen widerlegt wurden. Zumindest die Fachleute sind heute viel vor-sichtiger in ihrer Einschätzung der Bedeutung einer Einzelursache. Wir haben gelernt, über die große Komplexität so einfacher Vorgänge wie Lesen und Schreiben zu staunen, und sehen immer mehr, welch große Leistung unsere Kinder hier erbringen.

„Zustandekommen, Erscheinungsbild, Ausmaß und Folgen solcher Schwierigkeiten wurden ausführlich untersucht und diskutiert. Die pädago-gische, psychologische und medizinische Forschung auf diesem Gebiet ist kontrovers und hat viele Fragen nicht abschließend geklärt." (KMK-Be-schluss 2003)

1.11 Abschied vom kausalen Denken

Vermutlich geht es mit der Legasthenie wie mit der Grippe. Es gibt eine Vielzahl von Viren, die einen grippalen Infekt auslösen können (auslösende Faktoren). Auch gibt es Krankheiten, die zunächst dem Verlauf einer Grippe sehr ähnlich und nur vom Fachmann von dieser unterschieden werden können (Problem der Differenzialdiagnose). Ich kann mich gesund ernäh-ren, vernünftig anziehen und Sport treiben und so die Wahrscheinlichkeit einer Ansteckung verringern (Persönlichkeits- und Verhaltensbedingungen). Manche Menschen reagieren auf lang andauernde Stresssituationen mit Husten und Schnupfen, andere reagieren hierauf mit Kopfschmerzen (Dis-positionen). Bei einigen Personen ist eine Grippe eine tödliche Gefahr (z. B. bei Immunschwäche), andere nehmen ein heißes Bad und der Schnupfen ist weg (organische Bedingungen). Einige stecken sich an, wenn sie einen Hustenden in der Straßenbahn sehen, andere können mit ihm ins Bett ge-hen, ohne krank zu werden.

Die Suche nach einzelnen Krankheitserregern ist wichtig, reicht aber nicht aus. Auch die Grippeschutzimpfung hilft nicht immer und nicht jedem, wie jeder aus eigener Erfahrung weiß. Aber deshalb sind Schutzimpfungen nicht unsinnig.

Langsam aber sicher nehmen wir in der Legasthenieforschung Abschied vom kausalen Denken. Wir wenden uns komplexeren Erklärungsmodellen zu, Modellen, die nicht nur eine Ursache für das Problem suchen. Wir wis-sen heute mehr über ökologische Zusammenhänge, erleben hautnah, wie Dinge über Grenzen hinweg zusammenwirken und außer Kontrolle geraten können. In allen Lebensbereichen lernen wir in komplexen Zusammenhängen zu denken. Waldsterben, fossile Energieträger und Kernenergie, Ozonloch, Gewässerverschmutzung, Individualverkehr, Kakao- und Kaffeepreise und das Abholzen der Regenwälder gehören zusammen. Und: Das hat etwas mit Legasthenie zu tun!

> Unser Nachdenken über ökologische Zusammenhänge führt uns auch in anderen Bereichen dazu, in Wirkungszusammenhängen zu denken, Einzelbedingungen als Risikofaktoren und nicht als Ursachen zu betrachten.

Auch wir sind Kinder unserer Zeit und denken so. Wir sollten die Aussagen von RANSCHBURG, LINDER, ANGERMEIER heute nicht belächeln und als Unfug abtun, sondern sie in ihren geschichtlichen Zusammenhängen verstehen. Unseren Theorien von Wirkungsgefügen und dem Schriftspracherwerb wird es in zwanzig Jahren vermutlich nicht anders ergehen. Was wir heute wissen, ist lediglich der aktuelle Stand des permanenten wissenschaftlichen Irrtums.

Die Legasthenieforschung der 60er Jahre suchte noch nach der Ursache. In den 70er Jahren verstanden wir die unzähligen Forschungsergebnisse als Puzzlesteine, aus denen eines Tages ein fertiges Bild der Legasthenie zu entwerfen sei. Aus heutiger Sicht sind die Ergebnisse der Legasthenieforschung Hausnummern und Straßen auf einem Stadtplan. Dieser kann uns bei der Orientierung in einer fremden Stadt weiterhelfen. Die Einwohner, was sie machen, wie sie leben, worüber sie sich ärgern und freuen, verstehen wir hierdurch noch nicht.

1.12 „LRS-müde" Lehrer und Lehrerinnen

Für die schulische Praxis haben sich die wissenschaftlichen Auseinandersetzungen, die immer neu herauskommenden Sensationsmeldungen, die schier endlosen Berichte „neuester" Forschungsergebnisse als wenig hilfreich erwiesen. Vielen Entdeckungen „der eigentlichen Ursache" folgten Untersuchungen, die genau zum gegenteiligen Ergebnis kamen, wurden abgelöst von neuen „eigentlichen Ursachen". Theorien, Erklärungen und Ursachen kamen und gingen wie Frühjahrs- und Herbstmoden.

Anfang der 70er Jahre kam in den Schulen (zumindest in den Grundschulen) etwas in Bewegung. Mit viel Schwung und Elan gingen viele Lehrerinnen und Lehrer daran, das Problem anzupacken. Die Fortbildungen hatten ihnen Mut gemacht. Doch das dann folgende Hin und Her und die massive Kritik am Legastheniebegriff verstärkte in den Schulen ein gesundes Misstrauen, und nicht wenige kamen zu der Ansicht: „Legasthenie gibt es nicht – das alles ist eine Erfindung der Wissenschaftler."

Wie so oft, so zog die Schule auch in diesem Falle aus den wissenschaftlichen Auseinandersetzungen falsche Schlüsse. Während die einen allzu wissenschaftsgläubig alles unreflektiert übernehmen, was an Ergebnissen „auf den Markt" kommt, vertrauen die anderen nur der eigenen Praxis. Beides hilft den betroffenen Schülerinnen und Schülern nicht.

Doch was sollen die Lehrerinnen und Lehrer in der Schule denn machen? Es ist schlechterdings unmöglich und wäre eine völlige Überforderung zu erwarten, dass sie über alle Entwicklungen und wichtigen Forschungsergebnisse in diesem kleinen Fachgebiet auf dem Laufenden sind.

Die Lehrerinnen und Lehrer haben in der Schule vielfältige Aufgaben. Sie müssen nicht nur dem leseschwachen Kind etwas beibringen, sondern auch das hochbegabte hinreichend fördern. Sie haben in ihren Klassen Kinder mit Verhaltensschwierigkeiten, motorisch unruhige und Kinder ausländischer Herkunft, die nur wenig Deutsch sprechen. Sie sollen Lesen und Rechtschreiben, aber genauso qualifiziert auch Rechnen, Sachunterricht, Musik, Sport, Religion, Geschichte und neuerdings auch Englisch unterrichten. Ist es da sinnvoll, sich mit diesem „Randthema" LRS so intensiv auseinanderzusetzen?

In den Vereinigten Staaten und Kanada rechnet man derzeit damit, dass etwa 20 % aller Schülerinnen und Schüler als funktionale Analphabeten aus der Schule entlassen werden. Eigene Untersuchungen an Hauptschulen zeigten, dass 20 % der Kinder in den Klassen 5 massive Leseschwierigkeiten und 29 % massive Rechtschreibschwierigkeiten haben. Viele dieser Kinder sind nicht in der Lage, einfache Texte sinnentnehmend zu lesen.

„Der Beherrschung der Schriftsprache kommt für die sprachliche Verständigung, für den Erwerb von Wissen und Informationen, für den Zugang zum Beruf und für das Berufsleben besondere Bedeutung zu." (KMK-Beschluss 2003)

In unserer Gesellschaft ist Lesen- und Schreibenkönnen eine wichtige Grundlage schulischen Lernens. Die Schülerinnen und Schüler brauchen diese grundlegenden Fertigkeiten, um Geschichte zu verstehen, Sachaufgaben zu lösen, sich auf Diskussionen vorzubereiten. Es gibt kaum ein Unterrichtsfach, in dem nicht gelesen oder geschrieben wird. Wir machen uns die Arbeit unnötig schwer, wenn wir den Schülerinnen und Schülern nicht ausreichende Lese-Rechtschreib-Fertigkeiten vermitteln. Es ist also auch Eigennutz, sich mit dem Thema LRS näher zu beschäftigen – und zwar nicht nur für die, die Deutsch unterrichten.

2 Grundlagen der LRS-Erlasse

1978 beschäftigte sich erstmals die Kultusministerkonferenz mit dem Thema Legasthenie/Lese-Rechtschreibschwierigkeiten. Der damalige KMK-Beschluss war wegweisend und Grundlage für die LRS-Erlasse in den 80er und 90er Jahren. Hier sind viele Erkenntnisse aus der Legasthenie- und der neueren Leseforschung eingeflossen. Die neue KMK-Empfehlung von 2003 knüpfte an diese Erkenntnisse an, brachte jedoch inhaltlich nichts Neues.

In diesem Kapitel zeichne ich die Grundideen nach, die als „theoretischer" Hintergrund für die heutige Sicht der LRS angesehen werden können. Ausgehend von einer eher pragmatischen Definition des Begriffes LRS weise ich darauf hin, dass sich die Bedeutung des Lesens und Rechtschreibens in den letzten Jahren deutlich geändert hat. Verschiedene Lernvoraussetzungen, innere Differenzierung, individualisierte Lernwege, entdeckendes Lernen, flexible Schuleingangsstufe sind Grundbegriffe der heutigen Pädagogik geworden. Für das Verständnis von Lernschwierigkeiten spielt die Abkehr vom Kausalen und das Denken in Wirkungsgefügen eine ganz besondere Rolle.

2.1 LRS anstelle von Legasthenie

Der Begriff Legasthenie ist für die schulische Praxis unbrauchbar und sollte ganz aus dem Sprachgebrauch in der Schule verschwinden. Legasthenie wird je nach Fachrichtung und theoretischer Grundposition von den Wissenschaftlern verschieden definiert. Vielleicht ist es später einmal möglich, dass sich die Wissenschaftler auf eine einheitliche Definition des Begriffes einigen. Zurzeit ist dies nicht der Fall. So lange lassen sich „schlechte Leser" auch nicht in zwei Gruppen einteilen, in „echte Legastheniker" und „schwache Leser".

Selbst wenn wir davon ausgehen, dass es theoretisch möglich ist, den Begriff sinnvoll zu definieren, und dass, ebenfalls theoretisch, Schülerinnen und Schüler mit Leseschwächen zu differenzieren sind in „schlechte Leser" und „echte Legastheniker", so ist es schlechterdings unmöglich, eine solche

Differenzierung in der Schule vorzunehmen. In Bayern, wo dieser Unterschied im LRS-Erlass von 2003 gemacht wird, muss ein großer diagnostischer Aufwand (psychiatrisches und schulpsychologisches Gutachten) betrieben werden, um echte Legastheniker von Kindern mit LRS zu unterscheiden. Am Ende werden jedoch alle auf gleiche Weise gefördert. Nur der Notenschutz ist den anerkannten Legasthenikern vorbehalten. Hier steht der diagnostische Aufwand in keinem vernünftigen Verhältnis mehr zur Förderung.

Doch wenn nicht von Legasthenie, wovon sollen wir denn sprechen? Sind es Schülerinnen und Schüler mit

- isolierter Lese-Rechtschreib-Schwäche oder
- „Schüler mit besonderen Schwierigkeiten" (KMK-Empfehlung)?

Sind es Schülerinnen und Schüler mit

- Lese-Rechtschreib-Schwierigkeiten,
- Lese-Rechtschreib-Schwächen oder einer
- Lese-Rechtschreib-Störung?

Sind es einfach nur Schwierigkeiten oder

- gravierende,
- besondere oder
- isolierte?

Und wer hat hier Schwierigkeiten?

- Nur die Schülerin oder der Schüler?
- Haben nicht auch die Lehrerinnen und Lehrer Schwierigkeiten, z. B. bei der Vermittlung des Lesens und Rechtschreibens?
- Und die Eltern? Haben diese nicht auch Schwierigkeiten, z. B. bei der Akzeptanz der LRS bei ihrem Kind?

Hier ist also noch ein großes Feld für all jene, denen präzise Definitionen wichtig sind. Für die schulische Praxis ist dies letztlich einerlei. Bezogen auf die schulische Förderung scheint mir die Formulierung im LRS-Erlass von Nordrhein-Westfalen die treffendste zu sein:

> „Förderung von Schülerinnen und Schülern bei besonderen Schwierigkeiten beim Erlernen des Lesens und des Rechtschreibens (LRS)" (LRS-Erlass NRW 1991)

Dies trifft den Kern:

*   Es geht nicht um die Förderung von Schülerinnen und Schülern *mit* Schwierigkeiten. Denn nicht diese allein sind es, denen etwas schwerfällt.
*   Normale Schwierigkeiten werden auch im normalen Unterricht zu beheben sein. Besondere Fördermaßnahmen sind nur *bei* besonderen Schwierigkeiten angezeigt.
*   Es ist Aufgabe der Schule, Kindern das Lesen und Schreiben beizubringen, ganz gleich, ob sie nun große oder kleine, ob sie isolierte oder generalisierte, ob sie Schwierigkeiten oder Störungen haben, und ganz gleich, ob dies nun für die Schule schwierig ist oder nicht.

In der Schule sollten wir der Einfachheit halber von LRS (Lese-Rechtschreib-Schwierigkeiten) sprechen. Dies ist kurz und praktisch, und jeder weiß, was gemeint ist.

2.2   Die Bedeutung der Rechtschreibung

Über die Rechtschreibreform ist „seit anderthalb hundert Jahren so viel gesprochen und geschrieben worden, dass man es einem ehrlichen Manne kaum zumuthen kann, noch eine Zeile mehr darüber zu lesen. Und doch ist die Sache bey weitem noch nicht erschöpft ...“ (JOHANN CHRISTOPH ADELUNGS, 1782)

Das Zitat von ADELUNGS, vor über zweihundert Jahren geschrieben, macht uns darauf aufmerksam, dass die Rechtschreibung letztlich eine Konvention ist und dass hierüber zu allen Zeiten trefflich gestritten wurde. Die Rechtschreibregeln sind veränderbar und in der Vergangenheit schon oft geändert worden. Die zur Zeit gültigen Rechtschreibregeln werden selbst von uns Erwachsenen nicht alle beherrscht. Wir sollten uns daher gelegentlich fragen, ob die Rechtschreibung wirklich so wichtig ist, wie wir sie in der Schule oft nehmen? Halten wir die Rechtschreibung nicht nur deshalb für eine wichtige Sache, weil wir sie weitgehend beherrschen, weil es unseren Augen weh tut, wenn wir „Frans schreipt ein Dicktat“ lesen?

Auf dem Hintergrund der neuen Informationstechnologien und beim rasanten Fortschritt der Technik wird die Frage nach der Bedeutung der Rechtschreibung neu gestellt werden, vermutlich noch radikaler.

Das Lese- und Schreibumfeld der Kinder hat sich in den letzten Jahren durch neue Medien gründlich geändert. Kassettenrekorder, Video- und Fernsehgeräte, vor allem aber Computer, E-Mail und Handy sorgen dafür, dass Kinder immer weniger Umgang mit Büchern haben. Welche Eltern (früher waren es oft die im Hause lebenden Großeltern) lesen ihren Kindern heute noch Märchen vor? Heute legen sich die Kinder selbst eine Kassette in ihren Rekorder und schauen sich Schneewittchen von Walt Disney an. Was in der Welt passiert, erfahren wir aus der Tagesschau und immer seltener aus der Zeitung. Früher schrieben wir uns Briefe, zumindest noch Liebesbriefe. Heute reicht es gerade noch zur Urlaubskarte, sonst wird telefoniert oder eine kurze SMS geschickt. Und beim E-Mail-Schreiben gelten ohnehin schon lange andere Gesetze für die Rechtschreibung.

Kinder erleben an uns Erwachsenen kaum noch, dass Lesen und Schreiben im Alltag von großer Bedeutung sind. Von meinem vielen Schreiben im Büro bekommen meine Kinder nichts mit. Der Wille, schreiben zu lernen, ist heute bei Erstklässlern deutlich geringer als früher. Sie sehen es nicht mehr als das Wichtigste an. Das Schreiben und damit auch die Rechtschreibung haben in den letzten Jahren an Bedeutung im alltäglichen Leben verloren. Andere Dinge sind wichtig geworden, so z.B. der Umgang mit Computern. Dies mögen wir bedauern, aber die Entwicklung ist wohl kaum zurückzudrehen.

Natürlich wird es auch weiterhin wichtig sein, dass unsere Kinder schreiben lernen. „Die schriftsprachlichen Fähigkeiten und Fertigkeiten des Lesens und Schreibens bilden die Grundlage für jedes weitere Lernen in der Grundschule und darüber hinaus." (Lehrplan Grundschule NRW, 2006, S. 29) Die normativen Ansprüche ändern sich. Unsere Rechtschreibkompetenz wird zunehmend von den Rechtschreibprüfprogrammen der Softwareentwickler bestimmt. Die „heimliche" Rechtschreibreform wird zunehmend von jenen gemacht, die diese Prüfprogramme erstellen. Was solche Programme als falsch erkennen, wird auf Dauer mehr die Rechtschreibung prägen als staatliche Kommissionen.

Schreibenkönnen ist nach wie vor wichtig. Aber es gibt Wichtigeres als die Rechtschreibung.

Indem wir mit der Rechtschreibung gelassener umgehen, sie nicht mehr als das Wichtigste betrachten, nehmen wir gerade den LRS-Schülerinnen und -Schülern eine enorme Last von ihren Schultern. Dann können wir auch bereit sein, Kindern Zeit zu geben, sich zu entwickeln.

Über viele Jahre hinweg hat MAY an der Universität Hamburg die Schreibentwicklung der Kinder verfolgt. Dabei konnte er nachweisen, dass alle Kinder, leistungsstarke wie langsam lernende, die gleichen Entwicklungsschritte vollziehen – nur eben zu anderen Zeiten. Hier ein Beispiel für die Verschriftungen des Wortes „Blätter", differenziert nach fünf Leistungsgruppen und gemessen zu unterschiedlichen Zeiten:

Klassenstufe	Leistungsgruppen				
	I	II	III	IV	V
Kl.1 Mitte	blet-a	blet-a	pl-t-a	-l-t	- - - - -
Kl.1 Ende	blet-er	blet-er	blet-a	blet-a	- - -t- - -, pl-t-
Kl.2 Mitte	blät-er	blet-er	blet-er	blet-er	plet-a
Kl.2 Ende	blätter	blät-er	blet-er	blet-er	blet-a
Kl.3 Mitte		blätter	blät-er	blet-er	blet-er
Kl.3 Ende			blätter	blät-er	blet-er
Kl.4 Mitte				blätter	blät-er
Kl.4 Ende					blätter

Wenn wir Kindern Zeit lassen, werden sie von selbst einsehen, „dass es wünschenswert ist, so zu schreiben, dass jedermann es lesen" (HOLT 1971, S. 107) kann. Die wichtigste Fördermaßnahme ist es, gelassen mit dem Problem umzugehen, sich Zeit zu nehmen und dem Kind Zeit zu lassen. Das bedeutet nicht: „Abwarten, die Schwierigkeiten des Kindes werden sich schon von selbst erledigen." Der Profi gerät nicht in Panik, wenn ein Problem auftaucht, aber er ignoriert es auch nicht.

2.3 Die Bedeutung des Lesens

Etwas anders verhält es sich beim Lesen. Das Lesenkönnen hat nicht nur in der Gesellschaft einen hohen Stellenwert. Es ist trotz der neuen visuellen (Fernsehen, Computer) und auditiven (Telefon, Kassettenrekorder, Spracherkennungssoftware) Informationstechnologien für das Erwerbsleben von großer Bedeutung.

In Kanada, bei einer Analphabetenquote von 15 bis 20 % der Schulabgänger, geben die großen Firmen Millionenbeträge für die Alphabetisierung aus. Es ist für sie zu kostspielig geworden, dass bei jeder Umstellung der Produktion zunächst ein großer Ausschuss produziert wird, weil die Arbeiter die Gebrauchsanweisungen der Maschinen und die Anweisungen der Ingenieure nicht lesen können. Durch die Verbreitung der neuen Technologien im Erwerbsleben bekommt das Lesenkönnen eine zentrale Bedeutung.

Nein, auf das Lesen können wir nicht verzichten. Für uns Erwachsene ist das Lesen aus unserem Alltag nicht mehr wegzudenken. Daran ändern auch die neuen Technologien nicht viel. Lesen ist in allen Bereichen des erwachsenen Lebens notwendig: die Straßenschilder, der Fahrplan, der Beipackzettel bei Medikamenten, die Gebrauchsanweisung der neuen Küchenmaschine, die Hinweistafel im Rathaus usw. Je mehr wir am Computer arbeiten, desto mehr werden wir lesen müssen.

Bedenken müssen wir jedoch, dass einige Kinder im vorschulischen Bereich weitaus weniger Lese- und Vorleseerfahrungen machen als früher. Das Fernsehen als Kindermädchen der Nation ersetzt nicht die vorlesende Großmutter, und die Tagesschau nicht die Tageszeitung. Die Unterschiede zwischen den Schulanfängern sind größer geworden.

Jede Mutter, jeder Vater mehrerer Kinder weiß, dass Kinder unterschiedlich schnell sprechen lernen. Meine älteste Tochter sprach mit eineinhalb Jahren ganze Sätze, sodass man sich mit ihr damals bereits unterhalten konnte. Mein jüngster Sohn sprach mit zweieinhalb Jahren nur Ein- und Zweiwortsätze, und oft mussten wir raten, was er gerade gemeint haben könnte. So verschieden sind Kinder. Genauso groß sind die Unterschiede bei der Einschulung. In der Klasse 1 müssen wir mit großen Unterschieden rechnen und differenziert hiermit umgehen. Ziel der Differenzierung ist es nicht, alle Kinder möglichst schnell auf den gleichen Stand zu bringen, um dann allen gemeinsam das Lesen beizubringen.

„Vor kurzem erzählte mir eine Lehrerin von ihrer Arbeit mit Hilfsschülern, die nicht lesen konnten oder jedenfalls nicht lasen. Sie bemerkte im Laufe unserer Unterhaltung: ‚Wir haben Bücher in Hülle und Fülle in unserem Klassenzimmer, und sie werden gerne gebraucht. Aber sie lesen sie nicht; sie wenden immer nur die Seiten und betrachten sie.‘ ... Erst später wurde mir klar, dass dieses planlose Betrachten eines Buches für ein Kind, das kaum je vorher ein solches gesehen hat, ein vernünftiger und annähernd mit Gewissheit ein notwendiger erster Schritt auf dem Weg zum Lesen war. Bevor diese Kinder daran gehen konnten, zu überlegen, wie bestimmte Buchstaben oder Gruppen von Buchstaben hießen, mussten sie sich mit dem Aussehen der Buchstaben im Allgemeinen bekannt machen ... Die meisten Kinder, die zu lesen anfangen, sahen und betrachteten Buchstaben schon längere Zeit. Dies ist die Erfahrung, die jene weniger glücklichen

Kinder noch nachholen müssen. ... Das wäre weiterhin, neben anderen, auch ein guter Grund, ein Kind selbst bestimmen zu lassen, wann es mit dem Lesen anfangen will." (HOLT 1971, S. 92 f.)

Kinder ohne jede Lese- (Vorlese-) Erfahrung sind zunehmend keine Ausnahme mehr. Genau diese Kinder gehören zur Risikogruppe derjenigen, die schnell Schwierigkeiten beim Erlernen des Lesens entwickeln, wenn ihnen nicht Zeit genug gelassen wird.

2.4 Von der Legasthenie- zur Leseforschung

Lesen und Schreiben sind wichtige Bedingungen, um am gesellschaftlichen Leben teilzuhaben. Dem Anfangsunterricht im Fach Sprache kommt eine besondere Bedeutung zu.

> „Ein Lese- und Schreibunterricht, der am jeweiligen Lernentwicklungsstand des Kindes ansetzt, ausreichend Lernzeit gibt und die Ergebnisse gründlich absichert, ist die entscheidende Grundlage für den Erwerb der Fähigkeit zum Lesen und Rechtschreiben." (KMK-Beschluss 2003)

Auch für die Wissenschaftler ist das Gebiet der Lese- und Schreibforschung inzwischen wichtiger geworden als die auf Störungen reduzierte Legasthenieforschung. Die 1984 gegründete (richtiger: aus der 1968 gegründeten IRA-Sektion Deutschland hervorgegangene) „Deutsche Gesellschaft für Lesen und Schreiben" ist mit ihren Veröffentlichungen und Kongressen zu einem bedeutenden Gegengewicht zur Legasthenie-Forschung herangewachsen. Die Mitgliederliste liest sich wie das „who is who" der deutschen Lese- und Schreibforschung.

Lange bevor sie in die Schule kommen, beginnen Kinder lesen und schreiben zu lernen. Beides entwickelt sich zugleich und ist zunächst noch weit entfernt von den Vereinbarungen, die wir Erwachsene über die Schriftsprache getroffen haben. Auch ohne unser Zutun nähern sich Kinder beim vorschulischen Schreibenlernen den Grundprinzipien der Schrift (Buchstaben; Laut-Buchstaben-Zuordnung).

Die Leseforschung geht heute davon aus, dass sich das Lesen adaptiv entwickelt. Ähnliches hatte bereits vor über zwanzig Jahren JOHN HOLT vermutet: „Ich sehe es jetzt so, dass sich Tommys erstes Schilderschreiben zum Schreiben des Englischen verhält wie das Babbeln eines Kleinkindes zum Englischsprechen. Ich hätte ihn ermutigen sollen, im Schreiben weiter zu babbeln. Er hätte gewiss nach einiger Zeit angefangen zu überlegen, wie sein Geschreibsel dem Schreiben anderer ähnlicher gemacht werden könnte. Außerdem hätte man ihn leicht – auf taktvolle Weise – darauf aufmerksam machen können, dass viele Leute die konventionelle Schrift lesen konnten, während er der Einzige war, der seine eigene Schrift lesen konnte. Mit der Zeit wäre es ihm dann wünschenswert erschienen, so zu schreiben, dass jedermann es lesen konnte." (HOLT 1971, S. 107)

Die meisten Kinder haben eine Vorstellung von dem Sinn der Schrift, wenn sie in die Grundschule kommen. Sie lassen sich Bilderbücher vorlesen und sehen, wie Erwachsene Briefe schreiben und Urlaubskarten geschickt bekommen (Kommunikationsfunktion); sie sehen auch, wie sich Erwachsene einen Zettel schreiben, um etwas (Namen, Telefonnummern, Wegbeschreibungen, Mitteilungen usw.) nicht zu vergessen (Merkfunktion). Haben Kinder erst einmal diese Grundidee des Lesens und Schreibens erfasst, sind sie „auf dem Wege zur Schrift" (BRÜGELMANN 1983).

Die Schreibung eines Wortes ist eine Vereinbarung, an die sich Kinder erst langsam gewöhnen und herantasten müssen. Vor allem über das Vorlesen lernen sie die wichtigsten Grundregeln unserer Schriftsprache kennen. Zuerst malen kleine Kinder Girlanden und Kringel, mit der Zeit buchstabenähnliche Formen. Doch bereits diese erste Lese- und Schreibphase (im Alter von 3 bis 5 Jahren) verläuft bei Kindern sehr verschieden. Einige lassen sich ganze Wörter vorschreiben, die sie anschließend akribisch genau nachmalen, andere kreieren eine eigene Schrift. Mit der Zeit erkennen Kinder, dass Gesprochenes in Buchstaben übertragen wird, dann, dass Laute durch bestimmte Buchstaben abgebildet werden.

Kinder lernen lesen und schreiben, bevor Schule sie mit Fibeln im Gleichschritt marschieren lässt, so wie sie vordem alles andere (gehen und sprechen z. B.) auch erfolgreich gelernt haben. Sie kopieren nicht die Perfektion der Erwachsenen. Sie nähern sich dieser: von groben Zügen ausgehend über Differenzierungen und Verallgemeinerungen – von Girlanden über Buchstaben, Laut-Buchstaben-Zuordnungen und „Privatschreibungen" zur normgerechten Schreibung einzelner Wörter.

Wenn Kinder erst einmal einige Wörter schreiben können, stellen sie (ähnlich wie beim Spracherwerb) scheinbar allgemeingültige Regeln auf (die Feile, der Feil, er fert, das Fert). Später werden Ausnahmen (der Pfeil, das Pferd) und Ableitungen (wir fahren, er fährt) erkannt und in die eigene Schreibung einbezogen. Das Kind ahmt beim Schriftspracherwerb nicht einfach passiv Vorgeschriebenes nach. Es ordnet seine Erfahrungen mit der Schriftsprache, entwickelt vorläufige Regeln und verändert diese, passt diese mehr und mehr den Konventionen der Erwachsenen an.

Aus dieser Sicht sind Rechtschreibfehler keine Fehler, sondern Annäherungen an die Konvention, notwendige Entwicklungsschritte. Werden Rechtschreibfehler zu früh in den Mittelpunkt gestellt, geht den Kindern der natürliche Umgang mit dem Schreiben verloren, wird der natürliche Schreiblernprozess abgewürgt. Es entwickeln sich Schreibhemmungen und Schreibangst. Rechtschreibfehler werden hierdurch erst recht verfestigt.

Umgekehrt und auf die LRS-Förderung bezogen: Lese- und Rechtschreibschwierigkeiten können dadurch verhindert werden, dass die Kinder in ihrem natürlichen Lernprozess unterstützt und Fehler nicht als Fehler, sondern als Ausdruck eines bestimmten Entwicklungsstandes gesehen werden.

„Die Schule entwickelt Arbeitsformen, durch die Schülerinnen und Schüler die erforderlichen individuellen Entwicklungsmöglichkeiten erhalten, um Sinn und Nutzen der Schriftsprache in eigenen Aktivitäten und im Austausch mit anderen zu erfahren und Einsichten in ihre Funktion und ihren Aufbau zu gewinnen. Ein Lese- und Schreibunterricht, der am jeweiligen Lernentwicklungsstand des Kindes ansetzt, ausreichend Lernzeit gibt und die Ergebnisse gründlich absichert, ist die entscheidende Grundlage für den Erwerb der Fähigkeit zum Lesen und Rechtschreiben." (KMK-Beschluss 2003)

Die neue Leseforschung zieht deshalb einen Schlussstrich unter die alten Fibeln und Schreiblehrgänge, in denen Schülerinnen und Schüler „im Gleichschritt" vom „a" zum „z" geführt werden. „Kinder entdecken die Schrift" (BRÜGELMANN 1984) als etwas Spannendes, als etwas Wichtiges, als etwas, wofür es sich lohnt, Arbeit und Zeit zu investieren.

Es ist richtig, vom Wissensdrang eines Kindes auszugehen, davon, dass Kinder selbst für sich die Welt entdecken wollen. Doch gilt dies auch für jene Kinder, für die unsere Welt nur aus dem besteht, was in Video und Fernsehen zu sehen ist, für die Kühe lila sind und Schokolade machen? Gilt das auch für den Zappelphilipp, den Clown, der den Unfug im Kopf hat, den Jungen, der viel lieber Fußball spielen möchte als Girlanden malen? Gilt das auch für den Träumer und phantasievollen Geschichtenerzähler, für den optische Details noch unwichtig sind und der Schornsteine noch schräg auf ein Haus setzt?

Kurzum: Die neue Leseforschung wird uns viel über das Lesen und Leseprobleme lehren können. Eine Lösung des LRS-Problems ist damit jedoch nicht automatisch verbunden. Wir werden durch die neuere Leseforschung vielleicht genauer wissen, welche Bedingungen und Fertigkeiten für den

Schriftspracherwerb wichtig sind. Wir können dann „Risikokinder" frühzeitig und gezielt fördern. Es ist aber blauäugig, davon auszugehen, dass
allein der verbesserte Anfangsunterricht *alle* Lese- und Rechtschreibprobleme beseitigt. Eine solche Sicht weist Lehrerinnen und Schülerinnen erneut die Schuld am Versagen zu und ist daher kaum eine hilfreiche Perspek-
tive für die Zukunft.

2.5 Voraussetzungen für das Lesen- und Schreibenlernen

Wir wissen es von der Entwicklung der Motorik und der Sprache. Kinder
lernen sprechen und laufen, ohne dass man ihnen genau erklärt, wie dies
funktioniert. Wenn die Zeit reif ist, wollen Kinder laufen und sich mitteilen.

Wir wissen aber auch, dass diese natürliche Entwicklung bei einigen
wenigen Kindern nicht glatt verläuft. Manche Kinder haben Schwierigkeiten das Gleichgewicht zu halten oder bestimmte Laute zu bilden. Der
erfahrene Kinderarzt weiß, bei welchem Kind er geduldig warten kann und
bei welchem eine frühzeitige und qualifizierte Förderung (motorische oder
Sprachtherapie) notwendig ist.

Ähnlich verhält es sich auch mit dem Lesen- und Schreibenlernen. Wenn
die Zeit reif ist, wollen und können die meisten Kinder lesen und schreiben
lernen. Das muss nicht unbedingt am Stichtag der Einschulung sein! Daher
reicht es im Anfangsunterricht in der Regel, auf die verschiedenen Entwick-
lungsstände einzugehen und Geduld zu haben – das reicht in der Regel.

Es gibt aber auch Kinder, bei denen dies nicht ausreicht, bei denen eine
frühzeitige und qualifizierte Förderung notwendig ist. Die erfahrene Lehrerin, die schon mehrfach eine Klasse 1 unterrichtet hat, weiß meist schon
nach wenigen Wochen, welche Kinder einmal Schwierigkeiten beim Erlernen des Lesens und Rechtschreibens haben werden.

> Auch trotz eines guten Anfangsunterrichts müssen wir damit rechnen, dass bei
> einigen Schülerinnen und Schülern Schwierigkeiten beim Erlernen des Lesens
> und Rechtschreibens auftreten.

Wenn wir Computeraufnahmen über die Aktivitätsverteilung im Gehirn betrachten, so sehen wir, dass beim Schreiben fast alle kognitiven Bereiche
aktiv sind: motorische und sensorische, das Sprachzentrum, die Bereiche
für die Verarbeitung von optischen und nichtsprachlichen Informationen
ebenso wie jene, die eher Emotionen verarbeiten. Die Voraussetzungen, die

gegeben sein müssen, um lesen und schreiben zu lernen, sind enorm und umfassen alle kognitiven Bereiche.

Wir gehen heute davon aus, dass es wichtig ist, insbesondere im Kindergarten und den ersten Schuljahren besonderes Gewicht auf die Förderung der Grundfunktionen zu legen. Selbst wenn wir die Zusammenhänge noch nicht alle hinreichend erklären können, ist doch gewiss, dass sich Wahrnehmung auf der Basis gelungener sensorischer Integration entwickelt.

Als Grundbedingungen für den Lese-Schreib-Lernprozess gelten u. a.:

- Seh- und Hörfähigkeit,
- Gleichgewicht und motorische Koordination,
- Entwicklung einer homogenen Lateralitätsstruktur,
- integrative Verarbeitung der sensorischen Informationen,
- Koordination der Sinne und der Motorik,
- Sprache, Sprachverarbeitung und kognitive Sprachanalyse.

Auf Grund der hohen Flexibilität unseres Gehirns sind wir in der Lage, bestimmte Schwierigkeiten, Störungen oder gar Ausfälle zu kompensieren. Auch bei einer nicht kompletten Lateralisierung des Sprachzentrums lernen Kinder sprechen – aber sie lernen dies anders. Kinder mit Störungen in den Grundfunktionen lernen auch lesen und schreiben – aber sie lernen dies anders.

Als besondere Risikofaktoren müssen nach meiner Erfahrung die Motorik (vor allem Gleichgewicht und Koordination) und die Sprachverarbeitung angesehen werden.

Motorische Auffälligkeiten

Zwei Bereiche der Motorik führen beim Lesen- und Schreibenlernen häufig zu Schwierigkeiten: die motorische Koordination und die Hyperaktivität. Aus ganz verschiedenen Gründen kommt es hier zu Lese- und Rechtschreibschwierigkeiten. Das Hauptproblem liegt bei beiden Problembereichen darin, dass in diesen Fällen die Motorik nicht von niedrigen Gehirnzentren (Thalamus, Kleinhirn) gesteuert wird, sondern das Großhirn in den Steuerungsprozess immer wieder eingreift.

Bei einer „Störung" des Gleichgewichtes bildet sich beispielsweise nur sehr langsam oder eingeschränkt eine Automatisierung der Bewegungsabläufe. Genau dies ist aber beim Schreiben besonders wichtig. Unser Gehirn kann nicht die Schreibbewegung steuern und zugleich darüber nachdenken, welcher Buchstabe nun als Nächstes geschrieben werden muss.

Das Problem der motorischen Störungen ist nicht die krakelige Schrift, sondern die kognitive Belastung, die sich aus der mangelhaften motorischen Automatisierung ergibt. Kinder mit motorischen Schwierigkeiten brauchen:

- eine motorische Förderung (Gleichgewicht, Koordination),
- eine leicht zu automatisierende Ausgangsschrift (Druckschrift, Schreibmaschine, Computer),
- verstärkte, eindeutige und konsequente Wiederholungen.

Sprache und Sprachverarbeitung

Die Sprachverarbeitung (insbesondere die phonematische Differenzierung) ist in den letzten Jahren in den Mittelpunkt des wissenschaftlichen Interesses gerückt. Lese- und Rechtschreibschwierigkeiten können sich daraus ergeben, dass Kindern die Laut-Buchstaben-Zuordnung nicht gelingt. Sie sprechen zwar das Wort „Mutter" richtig, schreiben dann aber „Mutr", „utar" oder „Metare".

Bei diesen Kindern stellen wir häufig eine verwaschene, undeutliche Aussprache fest. Die Eltern schildern meist auch Schwierigkeiten in der Sprachentwicklung (verzögerte Entwicklung, Kinder sprechen lange unverständlich und undeutlich).

Kinder mit Schwierigkeiten bei der Sprachanalyse brauchen:

- eine Sprachförderung,
- visuelle oder motorische Sprachgliederungshilfen (wie z. B. die Lautgebärdensprache),
- konsequentes Verknüpfen von Sprache und Schreiben (wie z. B. durch Mitsprechen, Dehnsprechen, Pilotsprache).

2.6   Wir lernen nicht mit dem Kopf allein

Die organischen (sehen, hören, bewegen) und kognitiven (wahrnehmen, verarbeiten, merken, strukturieren, zuordnen) Bedingungen sind Voraussetzungen für das Erlernen des Lesens und Schreibens. Lernen ist jedoch mehr. Es ist immer eine aktive Auseinandersetzung mit der Umwelt.

Lernen bedeutet immer Verändern, Ergänzen und Umstrukturieren des bisherigen Wissens; da das Neue am Bekannten anknüpft, darf es nicht zu schwierig sein (Qualitätssprung). Um zu lernen, müssen wir uns für die Sache interessieren, unsere Aufmerksamkeit ausrichten, die Informationen verarbeiten, das Gelernte als Gewinn (Erfolg) erleben können, auf andere Bereiche übertragen und in anderen Sachzusammenhängen erneut anwenden (wiederholen).

(Das war gerade die ganze Lerntheorie auf zwei Sätze verkürzt.) Dazu ein Beispiel (wiederholen): Sie kennen sich aus in der Rechtschreibung (Sachzuammenhang). Und da Sie dieses Buch lesen, wird sie das Thema Rechtschreiben auch interessieren (an Interesse anknüpfen). Hier eine Rechtschreibregel, die sie kennen werden (vom Bekannten ausgehen): Wir trennen Wörter, indem wir einen einzelnen Konsonanten in die folgende Zeile übernehmen: ge-ben, lau-fen, usw. (Realitätsbezug/Beispiel). Wie trennen wir dann die Wörter: parallel, Magnet oder Legasthenie? (etwas Neues – jetzt Aufmerksamkeit ausrichten) Legasthenie ist ein Fremdwort und ein zusammengesetztes zudem. Zusammengesetzte Wörter werden nach ihren sprachlichen Bestandteilen getrennt. (Informationen verarbeiten, bekannte Informationen verändern und ergänzen). Diese Zusatzregel nutzt Ihnen jedoch nur etwas, wenn Sie die sprachlichen Bestandteile des Wortes Legasthenie kennen (Informationen mit anderen Informationen verknüpfen, sonst ...): legere – lesen, astenie – Schwäche, also Leg-astenie (Erfolgserlebnis? Wissenszuwachs?).
Wie nun trennt man „parallel" (übertragen)? Das Wort hat nichts mit dem griechischen „para" = Vernunft zu tun, sondern mit „par" = gleich. Bleibt uns noch die Trennung von Magnet. Hier funktionieren die Ausgangsregel und auch die Ergänzung nicht (erneut umstrukturieren). Schauen Sie im Wörterbuch nach (Lösung selbst erarbeiten). Jetzt wissen Sie, wie Magnet getrennt werden kann. Zum Glück ist es uns seit der Rechtschreibreform auch erlaubt, Fremdwörter wie die deutschen Wörter nach Sprechsilben zu trennen (erneutes Umstrukturieren). Für viele bleibt also alles beim Alten.

„Die Beobachtung des sprachlichen, kognitiven, emotional-sozialen und des motorischen Entwicklungsstands, der Lernmotivation im Lesen und Schreiben und der Sinnestüchtigkeit der einzelnen Schülerin oder des einzelnen Schülers mit besonderen Lernschwierigkeiten sind für die förderdiagnostische Tätigkeit grundlegend. Daher ist die Beobachtung der Lernausgangslage, insbesondere in der Klassenstufe 1 von grundlegender Bedeutung." (KMK-Beschluss 2003)

In den ersten beiden Klassen der Grundschule stehen die kognitiven Lernvoraussetzungen (z. B. Motorik, Sprachverarbeitung) im Vordergrund. Ganz anders ist es bei Kindern, die bereits viele Misserfolgserlebnisse hinter sich haben. Schülerinnen und Schüler mit gravierenden Rechtschreibschwierigkeiten in den Klassen 4, 5 oder 6 gehen diese wichtigen Lernvoraussetzungen (Lernfreude, Selbstvertrauen, intellektuelle Neugierde usw.) immer mehr verloren. Es macht daher keinen Sinn, hier mit Rechtschreibübungen anzufangen, ohne dass die Lernvoraussetzungen neu aufgebaut werden.

Schülerinnen und Schüler mit massiven Misserfolgserlebnissen brauchen eine Förderung und Unterstützung der allgemeinen Lernvoraussetzungen. Die konsequente Vermittlung (und Herstellung) von Erfolgserlebnissen schafft erst den Nährboden für erfolgreiches Arbeiten im Problembereich.

2.7 Das Wirkungsgefüge des Lernens

Motivation, das Verschaffen von Erfolgserlebnissen, die konsequente Erfolgskontrolle und -rückmeldung, emotionaler Zuspruch und Vertrauen in die Leistungsfähigkeit und den Lernwillen des Kindes, Aufbau und Stärkung von Selbstvertrauen und Selbstständigkeit, all dies ist kein Beiwerk, pädagogischer Schnickschnack auf dem Weg zum „Eigentlichen", der Rechtschreibung. Nein – das sind die Grundpfeiler des Lernens! Ohne sie geht nichts.

Eine entscheidende Wende in der Legastheniediskussion brachte DIETER BETZ (BETZ/BREUNINGER 1982) mit seinem Strukturmodell „Teufelskreis Lernstörung". Er macht darauf aufmerksam, dass Schülerinnen und Schüler mit einer Lernstörung qualitativ anders lernen. Damit wurde die Ursachendiskussion zweitrangig. Im Vordergrund von Diagnose und Förderung steht das individuelle Wirkungsgefüge des Lernens.

Wie sich die Zeiten und Einstellungen ändern, ist auch an den Erlassen abzulesen. Im KMK-Beschluss von 1978 hieß es noch: „Fördermaßnahmen haben größere Aussicht auf Erfolg, wenn die Ursachen der Lernschwierigkeiten erkannt sind." Im Erlass von Nordrhein-Westfalen liest sich dies schon anders.

> „Fördermaßnahmen haben größere Aussichten auf Erfolg,
> * wenn bekannt ist, wie bei der einzelnen Schülerin oder dem Schüler die verschiedenen Lernbedingungen zusammenwirken und wenn die Fördermaßnahmen hierauf abgestimmt sind, ...
> * wenn ihr Zweck mit der Schülerin oder dem Schüler besprochen ist, ... und wenn sie die Fördermaßnahme insgesamt als Hilfe erleben."

Wenn sich die Teufelskreise erst einmal richtig drehen, gibt es aus ihnen kein Entrinnen mehr. Die anfänglichen Schwierigkeiten können sich dann mit der Zeit (manchmal auch ganz schnell) zu einer Lernstörung entwickeln. Das Kind selbst fühlt sich rundum als „Fersaghär", findet in anderen Bereichen keinen Ausgleich mehr und überträgt die Schwierigkeiten auf andere Fächer (Sachunterricht, Mathematik, Englisch).

Wenn sich erst einmal eine Misserfolgsorientierung entwickelt hat, dann ist es für die LRS-Förderung entscheidend, ob es gelingt, diese Teufelskreise zu durchbrechen. Solange sich in diesen Fällen die Förderung allein auf die Rechtschreibung konzentriert, muss sie zwangsläufig scheitern.

3 Woran die LRS-Förderung häufig scheitert

Es waren nicht nur die Auseinandersetzungen der Wissenschaftler, die den Elan der 70er Jahre dahinschwinden ließen. Viele Lehrerinnen und Lehrer (und das waren nicht die schlechtesten, sondern engagierte) machten in ihren Förderkursen negative Erfahrungen. Trotz guter Vorbereitung, trotz zusätzlicher Förderstunden, trotz des guten Willens lernten einige Schülerinnen und Schüler in der Grundschule nur unzureichend lesen und rechtschreiben.

In diesem Kapitel zeichne ich einige Bedingungen auf, die mehr oder weniger zwangsläufig dazu führen, dass die schulische LRS-Förderung nicht zu einem durchschlagenden Erfolg führt. Einige dieser Bedingungen sind von der Schule aus nicht leicht oder gar nicht zu ändern (z.B. fehlende Lehrerstellen). Bei anderen Gründen lohnt es, über die Wirkung bestimmter organisatorischer Maßnahmen auf die betroffenen Schülerinnen und Schüler einmal nachzudenken (ausfallende Förderstunden, Förderzeit, Gruppengröße usw.). Wenn wir verstehen, woran die LRS-Förderung in der Vergangenheit häufig gescheitert ist, können wir an manchen Stellen die schulische LRS-Förderung verändern und weiterentwickeln.

3.1 Die Förderung fängt zu spät an

Wir kennen inzwischen einige Bedingungen, die häufig zu Lese- und Rechtschreibschwierigkeiten führen. Hierzu gehören u.a. die Sprachkompetenz, die Kompetenz der Kinder Laute zu unterscheiden und die motorische Koordination. Diese Bedingungen sind schon im Kindergarten feststellbar. Es ist daher sinnvoll, einen guten Kontakt zu den örtlichen Kindergärten zu pflegen und die Erzieherinnen darin zu unterstützten, schon frühzeitig die Sprach- und motorische Kompetenz der Kinder zu überprüfen (z.B. mit dem Bielefelder Screening oder der Differenzierungsprobe von BREUER und WEUFFEN). Die frühzeitige Förderung im Kindergarten ist am besten geeignet, massive Lernschwierigkeiten beim Erlernen des Lesens und Rechtschreibens zu verhindern.

Jede erfahrene Lehrerin, die schon mehrfach eine Anfangsklasse unterrichtet hat, weiß in der Regel schon nach wenigen Wochen, welche Kinder beim Lesen- und Schreibenlernen Schwierigkeiten haben werden. Es liegt also auf der Hand, mit einer gezielten Förderung so früh wie möglich zu beginnen. Alle LRS-Erlasse heben die frühe Förderung bereits in der Klasse 1 besonders hervor.

Wenn die Förderung zu spät einsetzt, haben sich bei den Schülerinnen und Schülern oft schon Misserfolge eingestellt. Hierdurch geht die Lernfreude, die Motivation und das Selbstvertrauen der Kinder verloren. Im Förderkurs muss dies dann mühsam wieder aufgebaut werden. Das kostet viel Zeit.

Bei einem späten Förderbeginn sind darüber hinaus viele Grundfertigkeiten des Lesen- und Schreibenlernens nicht oder nur noch schwer einzuüben. Eine Förderung der Motorik (insbesondere der motorischen Koordination und Graphomotorik) beispielsweise kommt in der Klasse 3 zu spät. Die Kinder haben zu diesem Zeitpunkt bereits „falsche" Kompensationen eingeschliffen und automatisiert. Diese sind nun kaum noch zu beheben.

Auch wird es mit zunehmendem Alter der Kinder immer schwieriger, Übungen in den Grundfunktionen attraktiv „zu verkaufen". Die zur Verfügung stehenden Trainingsmaterialien sind für den Vorschul-, Anfangs- und Sonderschulunterricht konzipiert. Einen Zehnjährigen kann man kaum noch mit altersgemäßen Übungen zur Schreibmotorik „verführen". Übungen zur auditiven Diskrimination (Kopf oder Topf?; isch – welcher Laut fehlt am Anfang? usw.) oder Zuordnungshilfen wie beispielsweise die Lautgebärden erleben neun- und zehnjährige Kinder als „puppig" und „Babykram".

Jede LRS-Förderung sollte so früh wie möglich einsetzen:
1. Im Kindergarten und in den ersten beiden Klassen kann noch gezielt an den Lernvoraussetzungen gearbeitet werden.
2. Versagen und damit verbunden ein Verlust der Lernmotivation können vermieden werden.
3. Fehlende Erfolgserlebnisse führen weit seltener zu negativen Verhaltenskompensationen.
4. Das Kind macht frühzeitig die Erfahrung, ein Problem eigenständig gemeistert zu haben, und baut hierdurch eine verstärkte Bereitschaft zur Arbeit im Problembereich auf.

Zunehmend entwickeln Schulen individualisierte Unterrichtsformen gerade für den Anfangsunterricht. Und auch die Verlage entdecken dieses Feld und bieten offene Fibelwerke (z. B. Konfett, Diesterweg, Tinto, Cornelsen) oder zusätzliche Fördermaterialien zur Differenzierung an.

Die Abkehr von einem Anfangsunterricht, in dem alle Kinder zur gleichen Zeit die gleichen Buchstaben lernen sollen, ist eine wichtige Möglichkeit, die Entwicklung massiver Lernschwierigkeiten zu verhindern. Gerade in diesem Feld hat sich in den Grundschulen in den letzten Jahren viel getan (siehe SOMMER-STUMPENHORST/HÖTZEL, 2001).

3.2 Konzentration der Förderung auf die Rechtschreibung

Für ältere Schülerinnen und Schüler gibt es kaum geeignetes Trainingsmaterial zum Aufbau der für das Lesen und Schreiben grundlegenden Kompetenzen. Die Schwungübungen, Übungen zur sprachlichen Analyse, Lautfolge oder optischen Gestalt der Schriftsprache finden nicht statt. Wo aber die Grundvoraussetzungen fehlen, ist das Üben im Problembereich (Lesen, Rechtschreiben) weit weniger erfolgreich.

Die schulische Förderung konzentriert sich in der Regel auf das Lesen und die Rechtschreibung und wird allzu oft auf die Beachtung und das Üben von Rechtschreibregeln reduziert. Eine Förderung in den Basisbereichen, die systematische Vermittlung von Schreib-, Lern- und Arbeitsstrategien, der Abbau von Misserfolgs- und Versagensängsten, die Einübung von Entspannungstechniken, ein Besprechen der Verhaltenskompensationen usw. finden nicht statt.

Lernfreude, der Spaß am Lesen und Schreiben, muss bei vielen Schülerinnen und Schülern, die in diesem Bereich bereits Misserfolge hinnehmen mussten, erst langsam wieder aufgebaut werden. Das kommt nicht von selbst und schon gar nicht durch Rechtschreibübungen. In der Lehrerfortbildung wird all dies oft als „sekundäres Randproblem" beschrieben. Man hat so getan, als ob Lernfreude von selbst entsteht.

Das ist in der Regel nicht der Fall: Nur wenn wir erfolgreich lernen, entwickelt sich auch Lernfreude. Der Erfolg steht am Anfang. Hat das Kind ständig Misserfolge, ist die Lernfreude und Motivation erst einmal verschwunden, dann verhindert oft das geringe Selbstvertrauen der Kinder ein erfolgreiches Lernen. In diesem Falle führen selbst noch so gute Methoden und ausgefeilte Förderkonzepte nicht zum Erfolg.

Massive Lernrückstände führen fast immer auch zu einer Beeinträchtigung des Selbstwertgefühls und der Motivation und oft auch zu ungemessenen Verhaltenskompensationen.

Besondere Fördermaßnahmen haben größere Aussicht auf Erfolg, wenn sie sich zunächst auf die Lernvoraussetzungen konzentrieren:
1. auf die Schreibmotorik und sprachliche Verarbeitung sowie
2. eigenverantwortliches Lernen und selbstständiges Arbeiten.
Wenn sich bereits eine Misserfolgshaltung gebildet hat, dann muss auch
3. der Umgang mit Misserfolgen und Angst und
4. der Abbau lernhemmender Erklärungen
in die Förderung mit einbezogen werden.

3.3 Fehlende Stellen für Förderkurse

Von Beginn an waren die LRS-Förderkurse nicht fester Bestandteil der Stundentafeln. Auch waren Lehrerstellen hierfür nicht besonders vorgesehen. Die zusätzlichen Förderstunden müssen für jede Schule aus dem allgemeinen Stellenplan „finanziert" werden.

Damit wird jede gezielte LRS-Förderung zu einem Zufallsprodukt. Schulen mit knapper Stellenbesetzung sind nicht in der Lage, Förderkurse über die in der Stundentafel vorgeschriebenen Unterrichtsstunden hinaus anzubieten. Solange LRS-Erlasse nicht durch zusätzliche Lehrstellen abgesichert sind, wird es letztlich nur „per Zufall" und in einigen wenigen Schulen ein konsequentes zusätzliches Förderangebot geben.

- Jede besondere LRS-Fördermaßnahme ist nicht nur für das Kind, sondern auch für die Schule mit einem großen Zeitaufwand verbunden.
- Wenn die Kultusminister eine qualifizierte LRS-Förderung an ihren Schulen wollen, dann müssen sie hierfür auch Lehrerstellen schaffen.
- Erlasse allein verbessern noch nicht die Förderung.

3.4 Förderkurse werden wegorganisiert

Eng mit dem Stellenplan verbunden ist die Praxis der Organisation der LRS-Förderkurse. Natürlich wissen wir, dass ein Förderunterricht in der 6. Unterrichtsstunde nur wenig hilfreich ist. Aber in der Praxis gibt es Fahrschüler mit festen Fahrplänen. Auch sind Springstunden den Kindern in der Grundschule nicht zuzumuten. Und ein anderer Unterricht soll für LRS-Schüler auch nicht ausfallen – welcher auch? Es ist schwer, pädagogisch vernünftige Förderzeiten zu finden, die zugleich organisatorisch machbar sind.

Dann ist da noch das leidige Problem der ausgefallenen Unterrichtsstunden. Soll die Schulleitung die 28 Kinder in der 3. Stunde nach Hause schicken oder den LRS-Kurs für 8 Kinder ausfallen lassen?

Zu wenig wird die Wirkung von nur zufällig stattfindenden Förderstunden auf die betroffenen Kinder bedacht. Sie erleben, dass ihr Problem von der Schule nicht ernst (genug) genommen wird. „Wenn die Förderstunden bei allen möglichen Gelegenheiten (die für die Kinder nicht als besonders wichtig betrachtet werden) ausfallen können, dann sind sie für die Lehrerin auch nicht wichtig. Warum soll ich mich dann hierfür besonders einsetzen und die zusätzlichen Belastungen auf mich nehmen?"

Die häufig zu beobachtende Mutlosigkeit und Aversion von Schülerinnen und Schülern gegen den LRS-Förderkurs haben ihren Ursprung unter anderem auch in seiner Erfolglosigkeit. Durch organisatorische Mängel und Zwänge sind diese vorprogrammiert.

> Es ist allemal besser, keinen Förderunterricht anzubieten, als einen erfolglosen! Besondere Fördermaßnahmen sind nur dann pädagogisch sinnvoll, wenn sie regelmäßig (immer) stattfinden.

3.5 Der Legasthenie-Stempel

Mit dem Legasthenie-Stempel waren die Schülerinnen und Schüler in den 60er und 70er Jahren zwar das Stigma des Hilfsschülers losgeworden. Dafür handelten sie sich jedoch eine nicht weiter erklärbare „Krankheit" ein. Die Beschreibung wurde zur Ursache: „Ich kann nicht rechtschreiben, weil ich Legastheniker bin!" Und weil diese Kinder ja letztlich krank oder doch zumindest irgendwie gestört und nicht „normal" sind und nichts dafür können, brauchen sie einen besonderen Schutz – den Notenschutz.

Die Freistellung von der Benotung im Diktat wurde und wird für viele Eltern, Lehrerinnen und Lehrer zur „eigentlichen" Konsequenz aus dem Etikett Legasthenie hochstilisiert. Nur wer keine Note bekommt, ist auch ein wirklicher Legastheniker – oder: ein Legastheniker darf keine Rechtschreibnote bekommen. Noch immer erhitzen sich die Gemüter an diesem Punkt, und schon lange ist es eher eine politische denn eine pädagogische Frage, ob Legastheniker benotet werden sollen/dürfen oder nicht.

Nicht einmal die Kultusminister mochten sich in dieser Frage einigen und hielten in ihrem KMK-Beschluss eine weiche Formulierung fest, die allen irgendwie gerecht werden sollte:

„Als Abweichung von den allgemeinen Grundsätzen der Leistungserhebung und Leistungsbewertung *kommen in Betracht*:
- stärkere Gewichtung mündlicher Leistungen …
- Verzicht auf eine Bewertung der Lese- und Rechtschreibleistung …
- Nutzung des pädagogischen Ermessensspielraumes und zeitweiser Verzicht auf die Bewertung von Klassenarbeiten während der Förderphase.
- Für schriftliche Arbeiten oder Übungen in den übrigen Lernbereichen und Fächern *kann* vorgesehen werden, die Rechtschreibleistungen bei den Beurteilungen nicht mit einzubeziehen." (KMK-Beschluss 2003)

Mit diesen weichen Formulierungen („kommen in Betracht", „kann") können die einen Bundesländer einen verbindlichen Notenschutz einführen und die anderen die Notengebung in die pädagogische Verantwortung der Lehrer verlagern.

Mit solchen Verschleierungen sind Konflikte zwischen Lehrpersonen und Eltern vorprogrammiert. Im Grunde genommen ist die ganze Diskussion um die Notenbefreiung für LRS-Schüler rechtlich wie pädagogisch überholt.

Nach meiner Erfahrung spielt die Rechtschreibnote für das Gelingen der LRS-Förderung eine eher untergeordnete Rolle. Das Wirkungsgefüge einer jeden Lernstörung ist von Kind zu Kind verschieden. So muss auch die Frage nach der Benotung von Kind zu Kind neu entschieden werden. Auch das ist eine pädagogische Aufgabe. Eine generelle Notenbefreiung favorisiert nur eine Lösung. Aber diese ist nicht in jedem Fall eine pädagogische!

Natürlich kann die Note „ungenügend" durchaus die Misserfolgserwartungshaltung der Betroffenen verstärken und stabilisieren. Hierdurch wird die Förderung nachhaltig erschwert – sie kann, muss aber nicht!

Der Druck, der durch die schlechte Note bei Kindern wie Eltern entsteht, kann auch die Motivation unterstützen, am Problem zu arbeiten – das kann so sein, muss aber nicht!

Der Wegfall der Note lässt für viele auch das Problem „aus den Augen" verschwinden (keine Note – kein Problem). Auch dies kann eine Förderung behindern – kann, muss aber nicht!

Ob die Rechtschreibnote für die LRS-Förderung hilfreich oder schädlich ist, kann nur im Einzelfall entschieden werden.
Ein genereller Notenschutz ist pädagogisch genauso wenig sinnvoll wie eine generelle Notenpflicht.

Und noch ein Letztes: Alle pädagogischen Argumente gelten letztlich nicht nur für Schülerinnen und Schüler bei Lese- oder Rechtschreibschwierigkeiten, sondern für alle. Notenbefreiung als Privileg nur für eine bestimmte Gruppe von Kindern ist nicht sinnvoll. Richtiger und sinnvoller ist es, für die Abschaffung einer generellen Benotung einzutreten, wie dies die Grundschulverbände seit langem fordern. Vernünftige pädagogische Argumente für die Beurteilung durch eine sechsstufige Notenskala gibt es nicht.

Die Auseinandersetzung um die Notenbefreiung hat zu vielen (oftmals tragischen) schulischen Kuriositäten geführt: Kinder bekamen keine Note, obwohl sie nur drei Fehler im Diktat hatten, „weil sie anerkannte Legastheniker" waren. Andere bekamen nur Sechsen, „weil es an unserer Schule keine Legasthenikergruppen gibt". An einer Hauptschule war die Teilnahme am Förderkurs nur möglich, wenn die Grundschule auf dem Abgangszeugnis keine Rechtschreibnote erteilt hatte. „Wir haben keinen Legasthenie-Lehrer und müssen uns deshalb auf das Urteil der Grundschule verlassen. Außerdem entwickelt sich eine Legasthenie nicht erst in der 5. Klasse."

Gerade in diesem letzten Argument steckt so etwas wie: Legasthenie als lebenslängliches Stigma. Wer Ende der Klasse 2 die „Legasthenikerprüfung" „erfolgreich" überstanden hat, erhält für den Rest der Schulzeit keine Note mehr.

> Wichtiger als der Wegfall der Rechtschreibnote ist es, den Schülerinnen und Schülern Aufgaben zu stellen, die sie mit Erfolg bewältigen können und diese Leistung, diesen Lernfortschritt zu bewerten.

3.6　Unterschätzung der Förderdauer

Völlig unterschätzt wurde und wird in der schulischen Praxis die Dauer einer vernünftigen LRS-Förderung. In der außerschulischen therapeutischen Praxis gehen Pädagogen und Psychologen von einer Mindestförderdauer von zwei Jahren aus. Schnelle Erfolge sind nicht zu erwarten.

> Der Aufbau von Lesefähigkeit und Rechtschreibfertigkeiten, der Abbau von Lücken, Misserfolgserwartungshaltungen und Schreibängsten, die Stärkung des Selbstvertrauens, eigenverantwortlichen Arbeitens und realistischer Selbsteinschätzung – all dies braucht viel Zeit und ist nicht „mal eben" in einer Förderstunde pro Woche zu erreichen.

Die Reduzierung des LRS-Förderkurses auf eine Stunde ist oftmals das Einzige, was eine Schulleitung für die LRS-Schüler „herausschinden" kann. „Besser eine Förderstunde pro Woche als gar keine" ist hierbei die Devise. So gut gemeint dies auch ist, das Gegenteil ist in der Regel der Fall. Eine Stunde pro Woche reicht nicht aus, um Regeln zu vertiefen, Selbstvertrauen aufzubauen, Lücken zu schließen, Kompensationen aufzubauen, Mut zu machen, neue Fertigkeiten einzuüben usw. Meist machen die Schülerinnen und Schüler durch diese „verkürzte" Förderung die Erfahrung: „Jetzt bekomme ich schon Förderunterricht, aber im Diktat habe ich immer noch ein ‚ungenügend'. Förderunterricht hilft bei mir auch nicht mehr."

▌ Besser keine besondere LRS-Förderung als eine verkürzte.

Die Zeit, die für eine sinnvolle Förderung benötigt wird, ist durchaus unterschiedlich. Allgemein lässt sich sagen, dass der Zeitraum umso länger ist, je später die Förderung einsetzt. In den Klassen 1 und 2 sind manchmal halbjährliche oder auch nur Förderungen von wenigen Wochen Erfolg versprechend. Massive Rechtschreibprobleme in der Sekundarstufe werden kaum in einem einjährigen Förderkurs mit einer Stunde in der Woche abgebaut werden können. Hier ist eine tägliche Förderung notwendig.

3.7   Die Förderung endet zu früh

„Die Maßnahmen der Differenzierung und individuellen Förderung sollten bis zum Ende der 10. Jahrgangsstufe abgeschlossen sein." (KMK-Empfehlung 2003)

Richtig! So steht es auch in den meisten LRS-Erlassen. Wir haben in der Bundesrepublik eine Schulpflicht. Die Schule hat die Aufgabe, Lesen und Schreiben zu vermitteln und Kinder zu fördern, solange die Schulpflicht greift. „Unbestritten ist, dass die … Förderung der Schülerinnen und Schüler mit besonderen Schwierigkeiten im Lesen und Rechtschreiben zu den Aufgaben der Schule gehört." (KMK-Beschluss 2003) Die Schule ist also auch dann zuständig, wenn der Lese- und Schreiblernprozess bis zur Klasse 4 oder 6 noch nicht erfolgreich verlaufen ist – aus welchen Gründen auch immer! Sie kann nicht irgendwann einen Schlussstrich ziehen und sagen: Bis zur Klasse 6 hätte die Förderung erfolgreich verlaufen müssen, ab jetzt gibt es keine mehr – tut mir leid.

3.8 Die LRS-Förderung geht jede Schule an

Es wurde schon darauf hingewiesen, dass die LRS-Förderung weitgehend als eine Angelegenheit der Grundschule gesehen wird. Die meisten Probleme mit LRS-Schülern haben aber nicht die Grund-, sondern die Haupt- und Gesamtschulen. Solange die Diktate gut vorgeübt werden, treten viele Rechtschreibschwierigkeiten gar nicht in Erscheinung. Erst mit Beginn der Klasse 4 werden sie gravierender und für Eltern wie Schülerinnen und Schüler drängender. Doch das Jahr ist schnell vorbei und damit das Problem aus der Grundschule „entlassen".

Über 50% der Kinder wechseln heute auf ein Gymnasium oder eine Realschule. Hauptschulen bemängeln bei 30 bis 80% ihrer Schülerinnen und Schüler gravierende Rechtschreibschwierigkeiten. Allein aus diesen Zahlen wird deutlich, dass das Problem für die Grundschulen quantitativ von weitaus geringerer Bedeutung ist als für die Haupt- und Gesamtschulen. Gravierende Rechtschreibschwierigkeiten treten „lediglich" bei 5 bis 15% der Kinder auf, das sind zwei bis drei in jeder Grundschulklasse. In einer Hauptschulklasse sind es oft mehr als die Hälfte der Kinder, die nicht angemessen lesen und rechtschreiben können. Es ist daher nur gut zu verstehen, dass bei den Hauptschullehrerinnen und -lehrern die Sensibilität und das Interesse am Thema LRS sehr groß ist.

Dass nur an wenigen Gymnasien und Realschulen LRS-Förderkurse angeboten werden, liegt auf der Hand. (LRS-Schüler gehören da nicht hin.) Nur langsam setzt sich bei diesen Schulen die Erkenntnis durch, dass LRS nichts mit mangelnder Intelligenz zu tun hat. Ein Albert Einstein hätte auch heute noch an unseren Gymnasien keine Chance.

 4 Analyse der Lernschwierigkeiten

Früher beschränkte sich die Untersuchung auf die Frage: Ist das Kind ein Legastheniker oder nicht (Selektionsdiagnose)? Heute steht die Frage im Vordergrund: Was muss ich wissen, um der Schülerin oder dem Schüler gezielt helfen zu können (Förderdiagnose)? In diesem Kapitel zeige ich auf, dass sich die schulische Diagnose nicht darauf beschränken darf, psychologische und Leistungstestverfahren durchzuführen. Die Stärke der pädagogischen Diagnostik liegt in anderen Methoden.

4.1 Analyse des Bedingungsgefüges

Um LRS-Schüler gezielt fördern zu können, ist es wichtig zu wissen, wie umfangreich die Lücken sind und welche Lese- und Rechtschreibschwierigkeiten bestehen. Darüber hinaus und mindestens genauso wichtig ist es zu wissen, wie das Kind lernt, wie es mit Misserfolgen umgeht und inwieweit es selbst bereit ist, an den Lücken etwas zu ändern. Die Durchführung eines Rechtschreibtests mag zwar in manchen Fällen hilfreiche zusätzliche Informationen erbringen, zur Durchführung einer gezielten Förderung reicht sie jedoch nicht.

Wichtige Bereiche für die Analyse der Lernschwierigkeiten sind:
1. Lese- und Schreiblernvoraussetzungen
2. Schulische Bedingungen
3. Lern- und Arbeitsverhalten
4. Selbstkonzept und Lernmotivation
5. Soziale Kompensationen
6. Reaktionen der Umwelt
7. Qualität und Ausmaß der Lücken

zu 1. Lese- und Schreiblernvoraussetzungen
In den ersten beiden Klassen der Grundschule stehen die Lese- und Schreiblernvoraussetzungen im Vordergrund der Diagnose. Als wichtige Risikofaktoren wird heute angenommen:

- Seh- und Hörfähigkeit
- motorische Koordination
- Sprache und Sprachverarbeitung
- sprachliche Merkfähigkeit
- visuelle Differenzierung

Gravierende Schwierigkeiten (Störungen, Entwicklungsrückstände) in diesen Bereichen erschweren den Lese- und Schreiblernprozess sowie das Erlernen des Rechtschreibens. In den ersten beiden Klassen wird sich die Förderung bei LRS vornehmlich auf diese Bereiche konzentrieren.

zu 2. Schulische Bedingungen
Nicht unerheblich ist es, auch verschiedene schulische Bedingungen in die Analyse der Rechtschreibschwierigkeiten einzubeziehen. Von Bedeutung sind hier:
- Didaktik und Methodik des Lese- und Schreiblehrgangs sowie des Rechtschreibunterrichts,
- die Ausgangsschrift (Druckschrift, vereinfachte Ausgangsschrift, Schulausgangsschrift, lateinische Ausgangsschrift),
- häufiger Wechsel der Lehrpersonen in den ersten beiden Klassen,
- Verhalten der Lehrerin im Umgang mit Lernschwierigkeiten,
- Kompetenz und Erfahrung der Lehrerin (Wie oft hat die Lehrerin bereits eine Klasse 1 im Anfangsunterricht unterrichtet? Hat sie sich in diesem Bereich durch Fortbildungen besonders qualifiziert?),
- Stellenwert der LRS-Förderung in der Schule und bei der Klassenlehrerin,
- Zusammensetzung der Klasse (viele Ausländerkinder, vermehrt Kinder aus hoher sozialer Schicht usw.).

zu 3. Lern- und Arbeitsverhalten
Bei der Analyse der Lernschwierigkeiten ist zu beachten, dass das allgemeine Lern- und Arbeitsverhalten häufig nicht mit dem Lern- und Arbeitsverhalten im Problembereich übereinstimmt. Ein Kind kann sich beispielsweise in Mathematik gut konzentrieren oder im Fach Kunst ausdauernd arbeiten. Beim Lesen und Schreiben jedoch ist es unkonzentriert, vergisst leicht und arbeitet unordentlich und lustlos.

Wenn solche Unterschiede im Lern- und Arbeitsverhalten auftreten, macht es nur wenig Sinn, mit solchen Kindern allgemeine Konzentrationsübungen durchzuführen oder effektive Techniken zum Arbeitsverhalten einzuüben. Wichtiger wird es hier sein, zunächst an der Lernmotivation zu arbeiten.

Bei der Analyse des Lern- und Arbeitsverhaltens geht es in erster Linie um das Lernen und Arbeiten im Problembereich.

- Konzentration (beim Lesen und Schreiben)
- Anstrengungsbereitschaft
- Umgang mit Misserfolgen
- Arbeitshaltung
- Selbstständigkeit beim Arbeiten und Üben

zu 4. Selbstkonzept und Lernmotivation

Gerade in höheren Klassen (etwa ab Klasse 4) wirken die vielen Misserfolge zurück auf das Selbstwertgefühl der Schülerinnen und Schüler. Für die Förderung ist es wichtig zu wissen, was sich die einzelnen Kinder zutrauen, wie sie selbst ihre Schwierigkeiten einschätzen und wie bereit sie sind, an ihren Schwierigkeiten zu arbeiten. Zur Analyse gehört daher auch herauszufinden,

- ob die Schülerin oder der Schüler lernhemmende Erklärungen für die Schwierigkeiten aufgebaut hat („Mein Bruder und mein Vater haben die gleichen Schwierigkeiten, das hab ich geerbt."),
- wie groß die Motivation ist, am Problem zu arbeiten,
- wie viel Selbstvertrauen, Zuversicht und Selbstsicherheit das Kind mitbringt,
- wie abhängig es sich von fremder Hilfe fühlt.

zu 5. Soziale Kompensationen

Je mehr Anerkennung (von Eltern, Mitschülern, der Lehrerin) dem Kind durch die LRS verloren geht, desto mehr wird es versuchen, sich Anerkennung in einem anderen Bereich zu verschaffen. Für die Förderung ist es wichtig zu wissen, wie gelungen diese sozialen Kompensationen sind. Gelungene soziale Kompensationen erschweren auch die Förderung (Motivation ist geringer).

- Wodurch erhält das Kind soziale Anerkennung (Klassenclown, „starker Mann", sozial angepasstes und liebes Verhalten usw.)?
- Hat es einen erfolgreichen Ausgleich zu den Lernschwierigkeiten (in einem anderen Fach, im Freizeitbereich)?

zu 6. Reaktionen der Umwelt

Nicht unterschätzt werden sollte für die Förderung die Bedeutung der Reaktion der Eltern und Mitschüler auf die Lernschwierigkeiten.

Eltern, die gelassen – und ohne Druck auszuüben – auf die Lernschwierigkeiten ihres Kindes reagieren, können durchaus in die Förderung mit

einbezogen werden (z. B. Wörter aus der Wörterkartei diktieren). Vor über-
eifrigen Eltern hingegen muss die Schule das Kind schützen. Das Einbinden
dieser Eltern in die Förderung kann schnell zu einer Verschärfung des Problems führen. Es ist daher wichtig, im Gespräch mit den Eltern genau zu
beobachten und hinzuhören, wie diese die Schwierigkeiten ihres Kindes
sehen, welche Erklärungen sie sich hierfür zurechtgelegt haben und wie sie
zu Hause hierauf reagieren. Erst dann können Sie entscheiden, ob das Üben
zu Hause für die Schülerin oder den Schüler hilfreich ist.

Gehen die Mitschüler mit langsam lernenden Kindern gelassen um und
wird ihr Verhalten von dem betroffenen Kind als hilfreich erlebt, kann auch
eine Förderung im Rahmen der inneren Differenzierung zum Erfolg führen.
Zeigen sich jedoch Stigmatisierungen („Der ist immer so langsam." „Ewig
müssen wir auf den warten." „Der kann ja nicht mal richtig lesen."), werden
auch „leichte" Lernschwierigkeiten nur schwer im Klassenverband abzubauen sein, braucht die betroffene Schülerin den Schonraum einer Fördergruppe.

zu 7. Qualität und Ausmaß der Lücken
Die Feststellung des Ausmaßes der Lernlücken stand früher im Mittelpunkt
der Analyse der Lernschwierigkeiten. Seitdem das Wirkungsgefüge der
Lernschwierigkeiten in den Vordergrund der Betrachtung gerückt ist, bekommt die Feststellung des Leistungsdefizits eine untergeordnete Rolle. Sie
ist in erster Linie wichtig, um:

• den Lernverlauf und Fördererfolg „objektiv" feststellen zu können, damit die eingesetzten Methoden rechtzeitig korrigiert werden können
  und
• die Schülerinnen und Schüler eine treffende Erfolgsrückmeldung über
  ihren Lernerfolg bekommen können.

Für die Planung der Fördermaßnahme ist die quantitative Feststellung der
Lernrückstände nicht von großer Bedeutung. Viel wichtiger ist zu analysieren, welche Fehler gemacht werden (siehe Kap. 6 und 7).

4.2 So genau wie nötig

Wenn wir etwas messen, brauchen wir einen Zollstock als Vergleichsmaß.
Länge, Höhe, Breite, Weg und Strecke werden mit einem allgemein anerkannten Maß gemessen. Je genauer wir dieses Vergleichsmaß definieren
können, desto genauer können wir auch messen. Ungenaue Maße (Schritt,

Elle, Tagwerk) führen auch zu ungenauen Messungen. In der Physik und Mathematik können wir ungenaue Maßeinheiten nicht gebrauchen. Aber auch hier gilt, dass nicht alles genau sein muss. Der Maurer mauert zentimetergenau, der Schrank muss auf den Millimeter passen, was für den Schleifer oder Dreher unvorstellbar grob wäre. In der Wissenschaft gibt es exakt definierte Maße, doch in der Praxis ist genau und genau zweierlei. Wenn der Maurer auf Millimeter achtet, bekommt er das Haus nicht fertig. Ihm reichen Wasserwaage, Lot und Zollstock, für den Feinmechaniker sind dies völlig unbrauchbare Instrumente.

In der Psychologie und Pädagogik ist das nicht anders. Manche Dinge müssen wir genau wissen, um sicher entscheiden zu können, bei anderen reicht ein „ungefähr" oder „etwa". Bei der Analyse der Lernschwierigkeiten müssen wir nicht alles genau und bis ins Detail wissen. Würden Sie alle relevanten Bereiche mit standardisierten Verfahren erfassen wollen, kämen Sie nicht mehr zu Ihrer eigentlichen Aufgabe, dem Unterrichten.

In der Regel reicht es, wenn Sie sich bei der Analyse auf die beiden wichtigsten pädagogischen Diagnoseverfahren stützen:
- die Erfahrung auf Grund kontinuierlicher Beobachtung und
- die gezielte Beobachtung bei auftretenden Schwierigkeiten.

Reichen die hierbei gewonnenen Erkenntnisse nicht aus, wird es sinnvoll sein, genauere Verfahren (Funktionsproben und informelle Tests) einzusetzen. Nur im Ausnahmefall, wenn Ihre Erfahrung nicht ausreicht oder Sie sich Ihrer Einschätzung nicht hinreichend sicher sind, werden Sie auf standardisierte Testverfahren zurückgreifen (müssen).

4.3 Kontinuierliche Beobachtung

Sie sind jeden Tag über mehrere Stunden mit Ihren Schülerinnen und Schülern zusammen. Unbewusst speichern Sie zu jedem eine Fülle von Informationen (Verlaufsdiagnostik). Diese werden, ebenfalls meist unbewusst, mit den bisherigen Erfahrungen aus anderen Klassen und mit der Leistung anderer Schülerinnen und Schüler verglichen (vergleichende Diagnostik). Mit Fragen überprüfen Sie, ob Ihr Unterricht zum angestrebten Ziel führt oder nicht (Erfolgskontrolle, Kontrolldiagnostik). Aus all dem entsteht ein nicht genau beschreibbares pädagogisches Gespür. In der Regel verlassen Sie sich auf diese Intuition – und Sie fahren gut dabei.

Marianne ist ein liebes hilfsbereites Mädchen. Lesen und Schreiben machen ihr Spaß. Oft holt sie sich aus der Bücherei Bücher und gelegentlich bringt sie auch eins zum Vorlesen mit in die Schule. Rechnen fällt ihr schwer. Solange Aufgaben in den Grundrechenarten gerechnet wurden, kam sie noch gut zurecht. In großen Zahlenräumen und bei Textaufgaben ist sie unsicher. Sie ist Einzelkind, die Eltern sind Akademiker. Zu Hause bekommt sie viel Zuwendung und Unterstützung. Marianne ist andererseits aber auch ein ängstliches Kind. Sie gerät schnell unter Druck, wenn schwierigere Aufgaben gestellt werden. Vielleicht, so denken Sie sich, besteht ein Zusammenhang zwischen ihrer Ängstlichkeit und den hohen Erwartungen der Eltern.

Bei Rechenarbeiten wirkt Marianne verkrampft und nervös. Sie rechnet drauflos, ohne lange nachzudenken. Bei einem Aufsatz hingegen ist sie in ihrem Element. Da reicht meist die Zeit nicht aus, alle Ideen und Gedanken zu Papier zu bringen. Hier ist sie locker und gelöst.

Olav ist Ihr schwächster Schüler und Ihr Sorgenkind. Ihm fällt das Lernen in allen Bereichen schwer. Im Sozialverhalten kann er sich nicht an Regeln halten und hat oft Streit mit seinen Mitschülern. ...

Klaus ist eher schwankend in seinen Leistungen. Im Fach Mathematik gehört er zu den Besten, in Sprache zum unteren Durchschnitt. Meist macht er viele Fehler in Rechtschreibübungen, manchmal verblüfft er Sie durch ein überraschend gutes Ergebnis. ...

Das wichtigste pädagogische Instrument der Diagnose von Lernschwierigkeiten ist die kontinuierliche Beobachtung der Schülerinnen und Schüler im Unterricht (Erfahrung, Intuition).

In der Regel wissen Sie über Ihre Schülerinnen und Schüler eine ganze Menge. Natürlich schreiben Sie sich all Ihr Wissen darüber nicht auf. Doch unbewusst nutzen Sie diese Informationen im Unterricht. Sie vergleichen die Schüler mit denen, die Sie einmal unterrichtet haben. So entsteht ein fester Bezugsrahmen, auf dessen Hintergrund Sie Ihre Schülerinnen und Schüler einordnen können. Ihre Erfahrung, Ihr pädagogisches Gespür ist die wichtigste Grundlage jeder pädagogischen Diagnostik.

Anregungen für die Praxis

In gewisser Weise geht es Ihnen wie den Eltern. Beim ersten Kind sind sie noch unsicher, und jeder kleine „Pup" wird sorgenvoll betrachtet. Beim dritten Kind sind sie schon viel gelassener. Sie wissen genau, wann sie sich Sorgen machen müssen und welches Fieber wieder vorbeigeht.

Erfahrung kann man nicht lernen, man muss sie machen. Das gilt insbesondere für den Anfangsunterricht. Erst wenn Sie mehrmals eine Klasse 1 unterrichtet haben, werden Sie ein sicheres Gespür dafür entwickeln, welche Schwierigkeiten „normal" sind, wo Sie mit Geduld reagieren und bei welchen Kindern Sie frühzeitig eingreifen müssen.

Wenn Sie über diese Erfahrung noch nicht verfügen, sollten Sie sich die Kinder ansehen, bei denen Sie mit Ihren Methoden nicht weiterkommen. Betrachten Sie dieses Scheitern nicht als ein persönliches (ich habe versagt), sondern als eine Chance zu erfahren, wie dieses Kind (anders) lernt.

> Wir können am meisten von den Kindern lernen, die von uns am wenigsten lernen (oder gelernt haben).

Schuldsuche und Schuldzuschreibungen helfen nicht weiter. Sie führen zu Vorurteilen und vorschnellen Erklärungen. Hüten Sie sich daher vor vorschnellen Erklärungen, die einer bestimmten Person (Kind, Eltern, Kollegin) Schuld am Versagen zuschreibt (die Eltern üben nicht mit Paul, Mirko ist unkonzentriert, Steffen kann sich nichts merken usw.).

4.4   Informelle Verfahren

In der Regel werden Sie Ihre kontinuierlichen Beobachtungen von Zeit zu Zeit durch informelle Verfahren kontrollieren. Dabei vergleichen Sie die einzelnen Schülerinnen und Schüler nicht allein mit Ihrer Erfahrung, verlassen sich nicht allein auf Ihr Gespür, sondern stellen eine „Aufgabe für alle" (oder für eine Teilgruppe der Klasse). Informelle Verfahren orientieren sich immer an einer kleinen, nicht repräsentativen Vergleichsgruppe. Die gestellten Aufgaben sollen einen für die Fragestellung hohen Informationswert haben – mehr nicht.

Die informellen Verfahren sind das klassische pädagogische Diagnoseinstrument. Hierzu gehören die Klassenarbeiten genauso wie die in vielen Lehrbüchern aufgeführten Fragenkataloge.

Das Maß für informelle Verfahren ist ein vorher festgelegter auf die Schülergruppe bezogener Leistungsstandard. Wollen Sie beispielsweise wissen, ob Ihre Schüler das angestrebte Lernziel erreicht haben, so stellen Sie Aufgaben zusammen, die Ihnen möglichst genaue Informationen (= informelles Verfahren) über den jeweiligen Leistungsstand geben können (Lernzielkontrolle). Wenn Sie wissen wollen, was Ihre Schüler schon können, werden Sie Aufgaben unterschiedlicher Schwierigkeit zusammenstellen (Messung der Leistungshöhe). Interessiert Sie, was bestimmte Schüler können und in welchen Bereichen sie Schwierigkeiten haben, werden Sie dagegen Aufgaben aus verschiedenen Bereichen (z. B. Rechtschreibschwierigkeiten wie Dehnung, Dopplung, *v/f/pf*, Großschreibung) heraussuchen (Messung der Leistungsbreite).

Nehmen wir an, die Kinder Ihrer Klasse (oder eine Teilgruppe) haben sich in der letzten Woche mit der *qu*-Schreibung beschäftigt. Die Schülerinnen haben verschiedene Wörter mit *qu* gesammelt und aufgeschrieben. Sie haben im Wörterbuch Wörter mit *kw* gesucht – aber keines gefunden. Also: *kw* gibt es nicht; wann immer wir [kw] hören, schreiben wir *qu*.
Am Ende der Woche wollen Sie überprüfen, welchen Lernzuwachs die Kinder durch die Übungen gehabt haben. Sie diktieren den Kindern einen kleinen Text mit vielen Qu-Wörtern. Quelle, Quark, Quatsch, quaken usw. kommen in dem Text vor. Darunter sind auch Wörter, die die Kinder bei ihrer *Qu*-Wörtersuche nicht gefunden haben.
Olav schreibt (wie zu erwarten): Qwäle, Kwakr und Kawatsch. Über Marianne und Klaus sind Sie erstaunt. Während Klaus alle Qu-Wörter richtig schreibt, macht Marianne unmögliche Fehler: Quälle, Qwatsch und – kaum zu glauben: Qunst anstatt Kunst.

Informelle Verfahren haben den Vorteil, dass sie leicht zu handhaben sind und gezielt auf den Bereich zugeschnitten werden können, der überprüft werden soll. Allerdings sind sie, und das ist ihr Nachteil, nicht sehr genau.

Die Auswahl oder Zusammenstellung des Verfahrens hängt von Ihrem Geschick und Ihrer Erfahrung ab, und das Ergebnis lässt keine allgemeinen Aussagen zu. Der Aufsatz ist von Ihrer persönlichen Einstellung abhängig und kann letztlich nur subjektiv bewertet werden. Oft messen wir auch gar nicht das, was wir durch das informelle Verfahren messen wollen (siehe das Beispiel von Marianne auf den nächsten Seiten). Für den pädagogischen Alltag jedoch reichen informelle Verfahren aus.

Anregungen für die Praxis

Klassenarbeiten und Übungsaufgaben lassen sich auch zu gezielten Problemanalysen heranziehen. Gerade bei Schülern mit besonderen Schwierigkeiten sollten Sie hier nicht beim Zählen der Fehler stehen bleiben.
  Daran, wie einzelne Wörter geschrieben werden, lässt sich oftmals schon erkennen, welche Schwierigkeiten das Kind hat. Kinder mit Schwierigkeiten bei der *sprachlichen Durchgliederung* erkennen Sie daran, dass sie
* Buchstaben auslassen (Kaft statt Kraft),
* die richtige Reihenfolge der Buchstaben nicht einhalten (Vatre statt Vater) oder
* unlesbare Wortruinen schreiben (tula statt Butter).

Motorische Schwierigkeiten erkennen Sie immer auch am Schriftbild des Kindes. Der beste Indikator hierfür ist die isolierte Betrachtung einzelner Buchstaben. Schneiden Sie sich aus einer Karteikarte ein kleines Fensterchen aus und schauen Sie sich den gleichen Buchstaben (z. b. das „a") an verschiedenen Stellen im Heft des Kindes an. Kinder mit motorischen Auffälligkeiten schreiben den gleichen Buchstaben immer wieder anders. (Als Umkehrung hierzu: Die persönliche Unterschrift als beste automatisierte graphomotorische Bewegung ist nahezu „fälschungssicher".)

Das *Schriftbild* sagt oft viel über die allgemeine Arbeitshaltung des Kindes aus. Schauen Sie sich an, wie das Kind Fehler verbessert.

Vergleichen Sie auch das Schriftbild in der Klassenarbeit mit dem bei den Hausaufgaben. Ist das Schriftbild bei den Hausaufgaben schlechter, sollten Sie weiter nachforschen, wo, mit wem und unter welchen Bedingungen das Kind die Hausaufgaben anfertigt. Fällt das Schriftbild der Klassenarbeiten deutlich schlechter aus, kann dies ein Hinweis auf Angst und Stress in Klassenarbeiten sein.

Eine genaue *Analyse der Verschreibungen* in den Texten der Kinder und in ungeübten Diktaten ist eine unerlässliche Voraussetzung für eine gezielte Rechtschreibförderung. Am besten ist es, wenn Sie die Rechtschreibübungen über längere Zeit hinweg gesondert auswerten. Die Erfassung der Verschreibungen nach folgenden zehn Kategorien hat sich für die Förderung als hilfreich erwiesen (eine differenzierte Beschreibung mit Beispielen finden Sie im Anhang, S. 173 f.):

1. Nicht korrekte Laut-Buchstaben-Zuordnungen (Bruda/Bruder, Karten/ Garten, paden/baden, froien/freuen, laise/leise).
2. Die Lautfolge wurde nicht in eine passende Buchstabenfolge übertragen (z. B. Burder/Bruder, seen/sehen, tragn/tragen, Gaten/Garten).
3. Die regelhafte Kennzeichnung lang oder kurz gesprochener Vokale wurde nicht beachtet (z. B. Weter, Weker, Wise).
4. Nicht korrekte Groß- oder Kleinschreibung.
5. Die Wortstammkonstanz ist nicht berücksichtigt, Auslautverhärtung, Umlautschreibung in Ableitungen (z. B. Heuser, Hant, er liekt).
6. Verschreibungen bei Wortzusammensetzungen, Vorsilben, Nachsilben (z. B. ferkäufer, Haus Boot, Schrecklich).
7. Die Satzzeichen wurden nicht korrekt gesetzt.
8. Verstöße gegen die Syntax und den Satzaufbau (z. B. ihn/ihm, eine/einem usw.)
9. Nichtbeachtung satzabhängiger Schreibungen (z. B. Substantivierungen, lesen/das Lesen, weise/Weise/Waise).

10. Ausnahmeschreibungen wurden nicht erkannt (z. B. Dehnungs-h, Doppelvokal, V-Schreibung, Fremdwortschreibungen).

Die Verschreibungen der Kinder (Privatschreibungen) betrachten wir als fruchtbare Annäherungen auf dem Weg zur richtigen (normgerechten) Schreibung. Wenn Kinder in der Klasse 1 beispielsweise „fata" an Stelle von „Vater" schreiben, dann ist dies zunächst nicht Besorgnis erregend. Als allgemeine Faustregel zum „Eingreifen" (Fördern) kann gelten:

- Mitte der Klasse 2 sollten die Kinder die regelhaften Laut-Buchstaben-Zuordnungen kennen und ungeübte Wörter lauttreu schreiben können.
- Mitte der Klasse 3 sollten die Kinder nur noch wenige Verschreibungen auf der Lautebene machen.
- Mitte der Klasse 4 sollten die Kinder auch häufig vorkommende Regelungen (z. B. Großschreibung von Konkreta, Auslautverhärtung, ie-Schreibung, Umlautschreibung) bei schreibwichtigen Wörtern berücksichtigen.

Weit besser als jedes standardisierte Testverfahren ist es, wenn Sie kontinuierlich die *schriftlichen Arbeiten* der Kinder nach den oben beschriebenen Kategorien qualitativ auswerten. Neben dem Zählen der Verschreibungen ist es hilfreich, wenn Sie diese in einen Verschreibungsquotienten umrechnen (Anzahl der Verschreibungen · 100 : Anzahl der Wörter). Auf diese Weise haben Sie ein Maß, mit dem Sie den Lernfortschritt von Arbeit zu Arbeit vergleichen können. Sie können so auch messen, ob Ihre Fördermaßnahme erfolgreich ist oder geändert werden muss.

Wer einmal in die qualitative Analyse eingearbeitet ist, für den ist dies nicht sehr viel aufwändiger als das einfache Anstreichen von Fehlern.

Diagramme für die Rückmeldung nutzen

Diagramme von Lernverläufen sind für Kinder informativer als ausführliche Beschreibungen oder Tabellen. Geben Sie die Ergebnisse der qualitativen Analyse der Schülertexte in ein Kalkulationsprogramm ihres Computers ein. Ein solches Programm kann Ihnen nicht nur die lästige Rechenarbeit abnehmen, sondern auch den Lernverlauf übersichtlich als Grafik ausgeben.

Von Lerndesign (www.lerndesign.com) gibt es ein Auswertungsprogramm für Schülertexte. Hier können die Verschreibungen einzelner Schüler nach den oben aufgeführten Kategorien eingegeben werden. Das Programm stellt umfangreiche Auswertungmöglichkeiten (Klassenlisten,

Vergleichslisten, Lernverlaufsentwicklungen) in Tabellen- und Diagramm-
form zur Verfügung. Das Programm kann über den Internetshop www.
collishop.de bezogen werden.

Die Besprechung solcher Diagramme ist eine gute visualisierte Erfolgsrückmeldung sowohl für die Kinder als auch für die Eltern. Sie ist weit mehr
wirksam als bloße verbale Rückmeldungen oder eine Note.

4.5   Gezielte Beobachtung

Treten Schwierigkeiten auf, passt auf einmal das, was Sie beobachten, nicht
zu Ihrer Einschätzung, werden Sie als Erstes auf die Schülerin oder den
Schüler in dem Problembereich bewusster achten. Nun lassen Sie sich nicht
mehr von Ihrem unbewussten Gespür, sondern von Ihrem pädagogischen
Sachverstand leiten. Hierdurch verändert sich auch ihre Einschätzung.

In der folgenden Stunde beobachten Sie, wie Marianne im Partnerdiktat Wörter
aus der Lernkartei übt. Alle diktierten Qu-Wörter sind auf Anhieb richtig. Nun
sind Sie über die Fehler im Übungsdiktat weit weniger erschrocken. Sie wissen,
dass Marianne alles immer besonders gut machen will und leicht in Stress gerät.
Gerade weil Sie die Qu-Wörter vorher geübt haben, wollte Marianne es in der
Klassenarbeit besonders gut machen. Dadurch erhöhte sich die Erwartungshal-
tung, der eigene innere Druck führte zu Stress. Bei den kritischen Wörtern hatte
Marianne offensichtlich eine Denkhemmung. Sie wurde zunehmend nervöser
und warf zum Schluss alles durcheinander. So kam es zur „Qunst". In einer
stressfreien Situation, ohne inneren Druck, wie z. B. beim Partnerdiktat, fällt es
ihr nicht schwer, die gelernten Wörter richtig zu schreiben.
Wenn sich Ihre Hypothese bestätigt, dann bedeutet dies auch, dass Sie mit der
Klassenarbeit (als informelles Verfahren) nicht Mariannes Rechtschreibleistung,
sondern das Ausmaß ihrer Prüfungsangst gemessen haben. Eine „ungenügende"
Rechtschreibnote hieraus abzuleiten wäre verwegen. Auf dem Zeugnis erhält
Marianne eine Note für das Fach „Rechtschreiben" und nicht eine Note für „Prü-
fungsverhalten".

Während Sie sich meist von Ihrem pädagogischen Gespür leiten lassen,
greifen Sie bei Schwierigkeiten auf ein genaueres diagnostisches Verfahren,
die gezielte Beobachtung, zurück. Immer und alles genau beobachten und
erfassen zu wollen geht nicht und wäre auch nicht ökonomisch.

Die bewusste (kontrollierte) Beobachtung setzt dort ein, wo Sie mit Ihrer Intuition
nicht weiterkommen, wo sich Abweichungen zu Ihrer bisherigen Erfahrung ergeben.

Intuition und Beobachtung sind die beiden wichtigsten pädagogischen Diagnoseverfahren. Man kann sie nicht aus Büchern oder auf der Universität erlernen, sondern nur im Alltag erwerben. Die erfahrene Lehrerin wird auch Funktionsproben und Experimente nutzen, um Situationen herzustellen, in denen sie gezielt beobachten kann. Je größer die eigene Erfahrung und das Wissen um die Hintergründe von Schwierigkeiten, desto genauer (und valider) wird die pädagogische Diagnose.

Eine gezielte Beobachtung ist nur möglich, wenn Sie sich im Vorhinein genau überlegen, was Sie beobachten wollen und Ihre Beobachtungen anschließend protokollieren. Bewährt hat sich hier die Protokollierung auf Karteikarten und Lernbegleitbögen.

Anregungen für die Praxis

Motorik: Die gezielte Beobachtung der Motorik bringt meist nicht sehr viel, da die Kinder schon sehr frühzeitig gelernt haben, geschickt zu kompensieren. Sie klettern auf Bäume und spielen wie wild Fußball. Am ehesten sind Schwierigkeiten in der Koordination beim Gehen zu beobachten. Einerseits gehen diese Kinder in der Regel schnell und hektisch, andererseits ist ihr Gang unkoordiniert, d. h. Arme und Beine bewegen sich nicht harmonisch über Kreuz.

Sehen: Gerade die für das Lesen oft hinderlichen Sehfehler (leichte Formen der Hornhautverkrümmung und leichtes Schielen) sind durch gezielte Beobachtungen nicht leicht festzustellen. Am ehesten fallen diese Sehprobleme dann auf, wenn die Kinder über einen längeren Zeitraum hinweg konzentriert mit den Augen etwas verfolgen sollen (z. B. beim Lesen). Da die Korrektur des Sehfehlers durch die Augenmuskulatur sehr anstrengend ist, fangen diese Kinder meist schon nach wenigen Minuten an, sich die Augen zu reiben, den Blick abschweifen zu lassen, mit den Augen zu knibbeln, oder klagen im Extremfall über Kopfschmerzen.

Angst/Stressverhalten: Ob ein Kind während der Klassenarbeit unter Stress und Anspannung steht, erkennen Sie am ehesten, wenn Sie sich die Verteilung der Verschreibungen und das Schriftbild ansehen. Zählen Sie einmal die Verschreibungen im ersten, zweiten und dritten Drittel der Arbeit und vergleichen Sie diese. Meist ist der Hintergrund für ein Ansteigen der Fehlerzahl nicht mangelnde Konzentration. Die Anspannung (Stress), unter der das Kind während der Klassenarbeit steht, wächst mit der Zeit immer mehr an; damit sinkt dann auch die Konzentration. Aufschlussreich ist hier ein Gespräch mit den Eltern. (Wie verhält sich das Kind am Abend vor einer Klassenarbeit, wie in Anspannungssituationen?)

Auffälliges Sozialverhalten: Beobachten Sie einmal, an welchen Tagen, nach welchen Unterrichtsstunden das Kind besonders viel Unfug macht. Besteht hier ein Zusammenhang zwischen dem Verhalten und Misserfolgs-erlebnissen? Fragen Sie sich auch, welchen Nutzen das Verhalten für das Kind hat. Von wem bekommt es hier Aufmerksamkeit und Anerkennung? Bekommt es diese Aufmerksamkeit auch in Situationen, in denen es sich angepasst verhält? Wenn Sie zu mehreren in der Klasse unterrichten, ver-gleichen Sie Ihre Erfahrungen. Kompensiert ein Schüler durch auffälliges Verhalten Misserfolge, dann zeigt sich dies nicht durchgängig bei allen Kol-legen. Nehmen Sie Hinweise Ihrer Kollegen daher nicht als persönlichen Angriff, sondern als Hinweis darauf, dass das Kind Ihre Anerkennung sucht, in Ihrem Unterrichtsfach Erfolg braucht.

Misserfolgserwartungshaltung: Ob eine Schülerin sich schon aufgegeben hat (auf den eigenen Misserfolg wartet), können Sie sehr gut beim Austeilen von Klassenarbeiten beobachten. Ist das Kind noch daran interessiert zu erfahren, wie die Klassenarbeit ausgefallen ist, oder steckt es das Heft kom-mentarlos und ohne hineinzuschauen in die Tasche? Was passiert, wenn Sie eine Klassenarbeit ankündigen? Obligatorisches Stöhnen?

Lernfreude/intrinsische Motivation: Stellen Sie der ganzen Klasse gelegent-lich freiwillige Hausaufgaben. Kinder, denen die Motivation an der Lern-schwierigkeit zu arbeiten, verloren gegangen ist, erledigen diese freiwilli-gen Aufgaben anders oder gar nicht. Das setzt allerdings voraus, dass Sie das Nichtanfertigen der freiwilligen Hausaufgaben nicht in irgendeiner Weise sanktionieren oder die Erledigung der freiwilligen Hausaufgabe doch irgendwie „erwarten".

Gespräch mit den Eltern: Nutzen Sie auch die Erfahrungen der Eltern. Im Gespräch mit diesen können Sie viel darüber erfahren, wie das Kind andere Dinge (laufen, sprechen, Regelspiele, malen, singen usw.) gelernt hat. Das kann Ihnen helfen, das Lernverhalten des Kindes besser einzuschätzen.

„Marianne hat am Anfang nur an der Hand laufen wollen. Man durfte sie nicht loslassen, dann hat sie geweint. Das hat ganz lange gedauert. Aber dann, von einem Tag auf den anderen, ist sie alleine gelaufen. Danach musste ich sie richtig zwingen, mich anzufassen, wenn wir draußen über die Straße gehen wollten."
„Klaus hat im Kindergarten nie gerne Sing- oder Kreisspiele gemacht. Wenn mein Mann abends mit ihm ‚Mensch-ärgere-Dich-nicht' gespielt hat, konnte er nicht aufhören und wollte immer noch ein weiteres Spiel spielen."
„Olav hat erst spät laufen gelernt. Als er mit zwei Jahren angefangen hat zu spre-chen, da hat man ihn lange nicht verstehen können. Ich hab mich da nachher richtig eingehört und konnte ihn auch verstehen. Aber meinem Mann ging das lange so, dass er mich ratlos angesehen hat, wenn Olav was erzählt hat."

4.6 Funktionsproben

Ihre Problemanalyse (Diagnose) durch kontrollierte (bewusste) Beobachtung führt nicht direkt zu einer Änderung Ihrer Methoden, Ihrer Einstellung und Ihres Verhaltens. Sie werden nicht blind drauflos Ihre pädagogischen Strategien ändern. Bevor es zu einer gezielten Förderung kommt, werden Sie Ihre Hypothese zu den Lernschwierigkeiten „exemplarisch" überprüfen.

Nachdem Sie bei Marianne beobachtet haben, dass Sie die geübten Wörter in einer stressfreien Situation richtig schreiben kann (Diagnose-Hypothese: Fehler auf Grund von hoher Erwartungsangst und Stress), überlegen Sie, wie Sie den Druck in Klassenarbeiten abbauen können (Verhaltensänderung, Planung einer Fördermaßnahme).
Beim nächsten Rechtschreibtest bleiben Sie beim Vorlesen des Textes in Mariannes Nähe, um ihre Reaktionen besser beobachten zu können. Sie merken (kontrollierte Beobachtung), dass Marianne zunächst ganz gelassen anfängt. Beim ersten schwierigen Wort zögert und überlegt sie eine ganze Weile. Als Marianne merkt, dass die anderen schon fertig sind, schreibt sie schnell etwas hin (Bestätigung Ihrer Hypothese). Danach bleibt sie unruhig und gespannt. Schon im nächsten Satz stockt sie wieder und schreibt „schiept" anstelle von „schiebt". Sie stellen sich neben Marianne, legen Ihre Hand auf die Schulter und sagen ganz ruhig: „Lasst euch ruhig Zeit; schaut euch das letzte Wort noch einmal an: schiebt – verlängert das Wort, dann hört ihr, wie es am Ende geschrieben wird." (Ausprobieren, was hilft, Funktionsprobe, Experiment.) Marianne nutzt diesen Hinweis sofort und korrigiert ihren Fehler. Sie merken, wie sie wieder ruhiger wird. Noch zweimal legen Sie ihr während des Tests die Hand auf die Schulter, als Sie merken, dass Marianne erneut unruhig wird. Am Ende hat Marianne nur zwei Wörter falsch geschrieben. Außer dem Wort „schiebt" haben Sie keine weitere Hilfe gegeben.
Nun sind Sie sicher, in welchem Bereich Marianne Unterstützung braucht. Bei den nächsten zwei Klassenarbeiten unterstützen Sie Marianne in ähnlicher Weise. Ihre Verschreibungen sehen Sie nun gelassener. Sie können sicher sein, dass Marianne weiß, wie Qu-Wörter (und andere) geschrieben werden. Außerdem nehmen Sie sich vor, zunächst mit Marianne über Ihre Beobachtungen zu sprechen (Wie kann ich dich unterstützen?). Für das nächste Elterngespräch notieren Sie sich, dass Sie mit den Eltern über deren Erwartungen und Ihre Beobachtungen während der Klassenarbeit sprechen wollen.

Funktionsproben sind „hergestellte" Beobachtungssituationen. Wir bringen die Schülerinnen und Schüler in eine „künstlich geschaffene" Situation, die uns Gelegenheit zu einer gezielten Beobachtung gibt. Insbesondere in den Bereichen, in denen wir über keine genauen Diagnoseverfahren und keine ausreichenden Spezialkenntnisse verfügen, sind Funktionsproben äußerst hilfreich.

Da das Schriftbild von Olav immer sehr krakelig aussieht, möchten Sie wissen, ob dies mit allgemeinen motorischen Schwierigkeiten zusammenhängt. Da Olav auf dem Schulhof immer wie wild herumrast, ist hier durch gezielte Beobachtung nichts sicher festzustellen. In der Turnhalle lassen Sie Olav auf der umgedrehten Bank balancieren: Er fällt sofort runter. Auf einem Bein stehen hält er keine 4 Sekunden durch, ohne sich abzustützen. Mit beiden Beinen über eine Linie hin- und herzuhüpfen gelingt ihm nicht.

Mit diesen Funktionsproben können Sie nicht sicher eine motorische (zentralmotorische) Koordinationsstörung feststellen, dafür ist der Neuropädiater zuständig. Allerdings macht Sie die Beobachtung bei den Funktionsproben soweit sicher in Ihrer Einschätzung, dass Sie nun den Eltern zu einer entsprechenden Fachuntersuchung raten können.

Funktionsproben haben den Vorteil, dass sie leicht durchgeführt und meist auch in kindgerechte „Spiele" verpackt werden können. Voraussetzung ist allerdings eine große Erfahrung. Erst wenn Sie die Funktionsprobe häufig durchgeführt haben, können Sie sich Ihrer Einschätzung sicher sein.

Es ist nützlich, bestimmte Standard-Beobachtungssituationen zu kennen und Schülerinnen und Schüler immer wieder in gleicher Weise zu beobachten. So kann sich auf Dauer eine sichere Erfahrung herausbilden, die in ihrer Einschätzungsgenauigkeit standardisierten Verfahren gleichkommt. Funktionsproben sind im Vergleich zur Durchführung standardisierter Testverfahren viel leichter zu handhaben, können schneller eingesetzt werden und benötigen nur wenig Zeit zur Durchführung und Auswertung.

Anregungen für die Praxis

Für die Lese- und Schreiblernvoraussetzungen gibt es eine Fülle recht guter Funktionsproben. Einige, die sich in der Praxis besonders bewährt haben, seien hier aufgeführt:

Motorik:
• Einbeinstand (mind. 10 Sekunden auf jedem Bein)
• balancieren auf der umgedrehten Sitzbank in der Turnhalle oder auf einem ausgelegten Seil
• hüpfen auf einem Bein

Visuomotorik:
• Tennisball aus 3 m Entfernung mit beiden Händen fangen
• einen vorgezeichneten Kreis mit der Schere ausschneiden

Feinmotorik:
- aus Knete kleine Kügelchen formen
- mit Klammern Papierschnipsel aufheben
- Bilder (aus Malbuch) ausmalen
- Labyrinth mit Bleistift nachfahren

Händigkeit:
- Bürstenprobe: Welche Hand wird bewegt, wenn Fingernägel der rechten bzw. der linken Hand gebürstet werden? (Bewegte Hand ist die dominante.)
- Mit welcher Hand hebt das Kind spontan kleine Teile wie z.B. Cent-Stücke oder Stecknadeln auf?

Äugigkeit:
- Mit welchem Auge schaut das Kind durch ein Fernglas/durch den Fotoapparat/durch das Schlüsselloch/durch ein Loch in der Zeitung?

Ohrigkeit/Sprachzentrum:
- An welches Ohr hält das Kind eine tickende Taschenuhr?
- Flüstern von hinten – in welche Richtung dreht das Kind seinen Kopf?

Sprachanalyse:
- Sprechen Sie dem Kind bekannte klangähnliche Wörter mit verdecktem Mund (Hand vor den Mund halten) vor; Beispiele: Fisch-Tisch, Maus-Haus-Klaus, Topf-Kopf. Kann das Kind das vorgesprochene Wort richtig wiedergeben, also die richtigen Laute heraushören?
- Sprechen Sie dem Kind mehrsilbige Wörter vor und lassen Sie hierbei einen oder zwei Konsonanten weg (Au.o, Schub.ade, Scho.o.ade, Wa.er.ahn usw.). Kann das Kind die Wörter vervollständigen und richtig aussprechen?
- Sprechen Sie dem Kind einige bekannte Wörter lautweise vor (T-i-sch, Au-t-o, W-a-ss-e-r usw.). Das Kind soll die Buchstaben zu einem Wort zusammenziehen.

4.7   Standardisierte Verfahren

Auf Erfahrung aufbauende diagnostische Verfahren (Beobachtung, Funktionsproben und informelle Tests) sind immer subjektiv. Hierin liegt sowohl ihr Vor- wie auch Nachteil. Wenn Sie immer nur mit bestimmten Kindern zu tun haben, fehlt Ihnen die Erfahrung, wie sich andere verhalten. Auf dem Land gibt es andere soziale Beziehungsstrukturen als in der Stadt. Der Gymnasiallehrerin fehlt die Erfahrung im Umgang mit Kindern, die nicht „über den Kopf" lernen, und die Sonderschullehrerin weiß nach einigen Jahren nicht mehr, wie Kinder „normal" lernen. Die Logopädin, die nur sprachauffällige Kinder behandelt, mag mit der Zeit glauben, dass die Ursache für Leseschwierigkeiten allein in Sprachschwierigkeiten zu suchen ist. Und die Psychologinnen und Psychologen, die in einer Erziehungsberatungsstelle häufig mit familiären Konflikten zu tun haben, werden möglicherweise genau dies als wichtigste Bedingung für Leseschwierigkeiten ausmachen.

Dieses Risiko besteht bei objektiven Testverfahren in weit geringerem Maße. Diese Verfahren sind mit einer großen Anzahl von Schülerinnen und Schülern durchgeführt worden. Die hierbei gewonnenen Testergebnisse wurden statistisch aufbereitet (Standardisierung) und in einem Vergleichsmaß (Prozentrangskala, T-Wert usw.) zusammengefasst. Wenn Sie eine Schülerin oder einen Schüler mit einem solchen Verfahren untersuchen, so können Sie die Leistung des Kindes mit den Ergebnissen der Standardisierungsgruppe (Alter, Geschlecht, Klassenstufe, Schulform, Herkunft usw.) vergleichen. Je größer und differenzierter die Standardisierungsstichprobe war, desto genauer und detaillierter das Vergleichsmaß.

Der Nachteil dieser Verfahren ist, dass sie meist nur einen kleinen Bereich isoliert überprüfen, einige Zeit zur Vorbereitung und Auswertung benötigen und die Testverfahren nicht beliebig wiederholbar sind. Sie sind nicht so flexibel und schnell verfügbar wie beobachtende und auf die eigene Erfahrung sich stützende Verfahren, dafür aber genauer.

Ob die Durchführung eines standardisierten Verfahrens, z. B. eines Rechtschreibtestes, für die Planung und Kontrolle einer Fördermaßnahme hilfreich und notwendig ist, hängt davon ab, wie genau Sie etwas wissen müssen.

Und das ist von Problem zu Problem, von Kind zu Kind verschieden. Kann das Bedingungsgefüge der Lernschwierigkeit hinreichend genau durch Beobachtung, Funktionsproben und informelle Verfahren bestimmt werden, ist die Durchführung standardisierter Verfahren Zeitverschwendung.

Wir wissen, dass die Fähigkeit, das Lesen und Schreiben zu erlernen, intelligenzunabhängig ist (zumindest für nicht geistig behinderte Kinder).

In den meisten Fällen bietet uns das Wissen um die Intelligenzhöhe keine wichtigen, notwendigen Informationen für die Förderung.

Die Analyse der Lernschwierigkeiten muss sich auf jene Bereiche konzentrieren, die für die Förderung relevant sind.

Die Schwierigkeiten von Marianne hätten Sie mit einem Rechtschreibtest nicht erfassen können. Im Gegenteil: Marianne wäre hierbei vielleicht auch nervös geworden, hätte eine Erwartungsangst aufgebaut und wäre in Stress geraten. In diesem Falle hätte Marianne am Ende ein sehr niedriges Ergebnis im Rechtschreibtest erreicht. Eine Fehleranalyse hätte möglicherweise gehäuft Wahrnehmungs- und Merkfehler ergeben. Allein hierauf Fördermaßnahmen aufzubauen (oder gar die Entscheidung, ob Marianne an einer besonderen LRS-Fördermaßnahme teilnehmen soll oder nicht) wäre an Mariannes eigentlichem Problem völlig vorbeigegangen.

Wenn es Klaus gelingt, über die „sture" Anwendung von Rechtschreibregelungen richtiges Schreiben zu erlernen, dann ist es hilfreich zu wissen, welche Regelungen ihm den größten Erfolg bringen, wo seine größten Schwierigkeiten sind. Wenn Sie sich hier auf Ihre Intuition verlassen, kann es Ihnen leicht passieren, dass Sie am falschen Ende anfangen. Ein Rechtschreibtest kann Ihnen hier nützliche Informationen bringen. Bei seinen schwankenden Leistungen kann Ihnen das objektive Verfahren auch aufzeigen, wo Klaus insgesamt im Vergleich zu anderen gleichaltrigen Kindern steht.

Bei Olav wird ein Rechtschreibtest vermutlich nur das bestätigen, was Sie ohnehin schon wissen: Er ist extrem schwach und er macht noch viele Fehler auf Grund nicht gelungener sprachlicher Durchgliederung der Wörter. Für eine gezielte Förderung sind hier ganz andere Informationen wichtig. Etwa die Frage: Inwieweit kann Olav sprachliche Informationen durchgliedern, zerlegen, analysieren? Kann er verschiedene Laute überhaupt richtig heraushören? Hört er den Unterschied zwischen „Tisch" und „Fisch", merkt er, welche Buchstaben im Wort Scho.o.ade fehlen, und kann er einzeln gesprochene Laute, wie z.B. „m-o-t-o-r" (im Kopf) zu einem ganzen Wort zusammenfügen? Wichtig zu wissen ist auch, wie Olav lernt, was er sich leicht merken kann und welche Denkwege ihm schwer fallen. Dies zu überprüfen wird in der Regel weit über das hinausgehen, was Sie selbst untersuchen können. Um Olav gezielt zu fördern, werden Sie sich daher Hilfe und diagnostische Unterstützung bei einer in LRS-Fragen erfahrenen Kollegin oder dem Schulpsychologen holen.

Zum Einsatz standardisierter Testverfahren gehört, dass Sie einschlägige Verfahren (und die diesem Verfahren zu Grunde liegende Theorie) kennen, durchführen, auswerten und die Ergebnisse sachgerecht interpretieren können. Einen Test nur deshalb durchzuführen, weil Sie diesen durchführen können, wäre Unfug. Das Ergebnis muss in erster Linie für die Förderung einen Sinn ergeben.

Wenn Sie für die Förderung etwas genauer wissen wollen (wissen müssen), aber keine entsprechenden Funktionsproben oder Testverfahren kennen, sollten Sie sich Hilfe bei hierfür besonders ausgebildeten Personen holen:

* Beratungslehrerinnen oder Beratungslehrer,
* Sonderpädagoginnen oder Sonderpädagogen,
* Schulpsychologinnen oder Schulpsychologen.

Die Ergebnisse aus einem standardisierten Verfahren können nur dann sinnvoll interpretiert werden, wenn das Verfahren unter den gleichen Bedingungen durchgeführt wird, wie es standardisiert wurde. Die Interpretation muss den Standardmessfehler der Normierung berücksichtigen und sich an der Reliabilität (Zuverlässigkeit) des Verfahrens orientieren.

Aus diesem Grunde sollten diese Verfahren nur von jenen Lehrpersonen durchgeführt werden, die in einer besonderen Fort- oder Weiterbildung mit der Durchführung und Interpretation standardisierter Verfahren vertraut gemacht wurden.

Im Anhang ist eine Liste brauchbarer informeller und standardisierter Verfahren zusammengestellt (s. S. 168 ff.). Dort finden Sie auch ein Beispiel für eine qualitative Textanalyse (s. S. 173 f.).

5 Förderung der Lernvoraussetzungen

Es war eine wichtige Einsicht der Legasthenie-Forschung, dass Lese- und Rechtschreibschwierigkeiten nicht immer allein durch Lese- und Rechtschreibübungen zu beheben sind. Erst langsam haben wir gelernt, die „Randbedingungen" in den Mittelpunkt und an den Anfang der Förderung zu stellen. Die Berücksichtigung grundlegender Lernbedingungen (Wirkungsgefüge des Lernens) und wichtiger Lernvoraussetzungen (Sprache, Motorik) ist an zwei Stellen des Lernprozesses wichtig:

a) am Anfang des Lese- und Schreiblernprozesses (Anfangsunterricht) und

b) immer dann, wenn sich bei einem Kind bereits eine Misserfolgsorientierung entwickelt hat.

In diesem Kapitel beschreibe ich die wichtigsten Lernvoraussetzungen für den Lese- und Schreiblernprozess und gebe Hinweise für die Förderung.

5.1 Alles ist wichtig – aber manches ist wichtiger

Das Wirkungsgefüge des Lernens unterscheidet sich bei Schülerinnen und Schülern mit Lernschwierigkeiten qualitativ von dem bei normal verlaufenden Lernprozessen. Bei der Förderung von LRS-Schülern können wir daher nicht davon ausgehen, dass außer beim Lesen und Rechtschreiben alles andere „normal" verläuft. Die gesamte Lernstruktur ist anders. Dies muss bei jeder Förderung berücksichtigt werden.

> „Fördermaßnahmen haben größere Aussichten auf Erfolg, wenn das gesamte Bedingungsgefüge der LRS berücksichtigt wird." (LRS-Erlass NRW)

So wie die Zeiten des Fibeltrotts, des einheitlichen Marsches vom „A" zum „Z", langsam aber sicher zu Ende gehen, so ist auch die Förderung anhand isolierter Lese- und Rechtschreibtrainings passé. Die geänderte Sicht vom Bedingungsgefüge des Lernens hat nicht nur Auswirkungen auf die Verwendung (bzw. Nicht-Verwendung) spezieller Trainingsprogramme.

Natürlich werden wir auch in Zukunft mit Kindern bei Lese- und Recht-schreibschwierigkeiten nach wie vor die Lese- und Rechtschreibübungen durchführen. Allerdings stehen sie nicht mehr am Anfang und im Mittel-punkt der Förderung und alles andere ist pädagogisches Beiwerk oder Schnickschnack.

Jede Förderung wird immer um das zentriert, was am vordringlichsten und nachhaltigsten das Weiterlernen behindert.

Solange beispielsweise Kinder den Sinn des Lesenlernens nicht einsehen oder ihnen Schreiben als überflüssig und antiquiert erscheint, wird es we-nig Zweck haben, mit ihnen Schreib- und Leseübungen durchzuführen. Bei Kindern mit massiven Ängsten vor Diktaten ist es überflüssig, Fehleranaly-sen zu betreiben und Wortschätze zu üben. Bei der Förderung gibt es schon eine gewisse Rangordnung und dabei steht Lesen und Schreiben nicht obenan.

Als Faustregel für die LRS-Förderung in den ersten beiden Klassen kann gelten:

1. Grundlagen: Motorik, Wahrnehmung, Sprache
2. Lese- und Schreibmotivation
3. Sprachanalyse/Phonem-Graphem-Zuordnung
   und parallel hierzu:
4. Übungen zur Sicherung der Laut-Buchstaben-Zuordnung und
5. Schreiben lautgetreuer Wörter.

Priorität für die Förderung von Kindern bei massiven Lese- und Recht-schreibschwierigkeiten haben Übungen und Hilfen:

1. zum Abbau von Prüfungsangst und Misserfolgsorientierung
2. zur Verbesserung der Lese- und Schreibmotivation
3. zum selbstständigen Arbeiten im Problembereich
   und parallel hierzu:
4. Übungen zur Weiterentwicklung des Sprachgespürs
5. Übungen zu bestimmten Rechtschreibphänomenen und zur Verbesserung des Rechtschreibgespürs
6. Einüben von Schreib- und Korrekturtechniken

5.2 Motivation – Der Sinn des Schreibens

Im Anfangsunterricht (Klassen 1 und 2) wird es vornehmlich darum gehen, die Förderung auf die Lese- und Schreiblernvoraussetzungen zu konzentrieren. Das Erste und Wichtigste hierbei ist, das Interesse am Lesen und Schreiben zu wecken und zu stärken. Ohne dieses Grundinteresse muss jede symptomorientierte Lese- und Rechtschreibförderung erfolglos verlaufen.

Nicht alle Kinder, die in die Schule kommen, sind gespannt darauf, das Lesen und Schreiben zu erlernen.

Nicht für alle Kinder, die in der Schule sind, ist Lesen- und Schreibenlernen das Wichtigste.

Manche Kinder trauen es sich überhaupt nicht mehr zu, das Lesen und Schreiben zu erlernen.

Von entmutigten Kindern höre ich häufig: „Wofür soll ich schreiben lernen, wir haben doch ein Telefon." oder „Ich übernehme mal die Firma meines Vaters; der hat auch eine Sekretärin, da brauche ich nicht zu schreiben." oder „Zu Hause haben wir einen Computer, der kann überprüfen, ob meine Mama richtig geschrieben hat; Rechtschreibung ist sowieso überflüssig." Natürlich sind das unrealistische und falsche Einschätzungen. Aber so sind Kinder. Und – wenn wir ehrlich sind – wir Erwachsene ebenso: „Wofür brauche ich Latein, ich will doch kein Arzt werden." „Warum soll ich lernen, wie man einen Computer bedient, ich habe keinen und brauche auch keinen." „Es ist doch nicht schlimm, wenn ich keine Noten lesen kann, ich spiele ja sowieso kein Instrument." Wenn wir etwas nicht können, legen wir uns, genauso wie die Kinder, fadenscheinige Erklärungen und Argumente zurecht, die belegen sollen, dass wir das, was wir nicht können, auch nicht zu können brauchen.

In immer mehr Familien werden keine Bücher mehr gelesen, kommen die spannenden Geschichten vom Videorekorder und aus dem Fernsehen. Lesen erscheint vielen, im Gegensatz zum Fernsehen, als mühselig. LRS-Förderung und ggf. der LRS-Förderunterricht muss bei Kindern dazu genutzt werden, eine „Lesegemütlichkeit" herzustellen und spannende Geschichten vorzulesen. Nur wenn (Vor-)Lesen und Schreiben als etwas Spannendes und Wichtiges erlebt werden, kann LRS-Förderung erfolgreich sein. Spannende Geschichten vorlesen, ein „Lesesofa" in die Ecke des Klassenzimmers stellen, Weingummi-Buchstaben aufessen (Buchstaben „verinnerlichen"), auch das ist LRS-Förderung!

In der LRS-Förderung (dies gilt zumindest für die Förderung in den ersten Schuljahren) sollten wir uns von der Gewissheit leiten lassen, dass für jedes Kind irgendwann der Tag kommt, an dem es selbst lesen und schreiben lernen will. Unsere pädagogische Aufgabe besteht nicht darin, diesen Tag zu bestimmen und dem Kind vorzuschreiben.

Am Anfang der LRS-Förderung ist es wichtig, im Kind die Lust aufs Lesen und Schreiben zu wecken.

Das Pflänzchen braucht als Grundlage zuallererst einen fruchtbaren Boden.

5.3 Lese- und Schreiblernvoraussetzungen

Rauchen ist ein Risikofaktor für Krebs und Infarkt. Wenn wir aufhören zu rauchen, reduzieren wir das Risiko, hieran zu erkranken. Eine Garantie, keinen Lungenkrebs oder keinen Herzinfarkt zu bekommen, ist das nicht. Beim derzeitigen Wissensstand der Leseforschung erscheint es allemal besser, Kinder mit Schwierigkeiten bei der sprachlichen Durchgliederung von Wörtern usw. in diesem Bereich gezielt zu fördern, als erst einmal abzuwarten, ob sich hieraus tatsächlich auch Lese- oder Rechtschreibschwierigkeiten entwickeln. Eine Garantie, dass sich hierdurch keine LRS entwickelt, ist dies nicht.

Vermutlich werden wir, wenn wir alle Schülerinnen und Schüler mit Differenzierungsschwächen fördern, auch solche (unnötigerweise) fördern, die trotz dieser Schwierigkeiten keine LRS entwickelt hätten. Ja gut, den einen schadet es nicht, aber die anderen haben wir mit wenig Aufwand vor einer Lernstörung bewahrt.

Die Effektivität präventiven Handelns ist nur für eine Gruppe nachweisbar, nicht für den Einzelnen. Und so viel wissen wir von den Bedingungen, dass es wichtige Lese- und Schreiblernvoraussetzungen (und im Falle einer Störung Risikofaktoren) sind.

Am sichersten wird die Entwicklung von Lernschwierigkeiten zu verhindern sein, wenn die Förderung dort einsetzt, wo Lernen noch gelingt, die positive Lernstruktur noch stabil ist. Auf das Scheitern des Lernens zu warten, bevor eine gezielte Förderung einsetzt, ist zutiefst unpädagogisch. Außerdem macht es uns auch die Arbeit unnötig schwer. Schülerinnen und Schüler mit Schwierigkeiten in der auditiven Diskrimination oder visuellen Differenzierung sind mit vergleichsweise geringem Aufwand so weit zu fördern, dass hierdurch keine Lernerschwernisse mehr auftreten.

Normalerweise ist es beim Lesen- und Schreibenlernen sinnvoll, den Kindern Zeit zu lassen, eigene Erfahrungen zu sammeln und auch einmal Umwege auszuprobieren und nicht direkt beim ersten Fehler mit Förderkanonen zu schießen. Das ist richtig und wichtig – im Normalfall. Dies gilt jedoch nicht für alle Kinder. Genauso wie wir die Sprachentwicklung bei einigen Kindern gezielt unterstützen müssen (Sprachförderung, Sprachheiltherapie), genauso ist es wichtig, bei einigen Kindern frühzeitig einzugreifen und gezielte Förderungen durchzuführen.

Für Kinder mit Entwicklungsrückständen und Schwierigkeiten in den Bereichen, die wir als Leselernvoraussetzungen ansehen, gilt: Nicht abwarten – sondern gezielt und rechtzeitig fördern.

Da wir nach wie vor nicht alle Leselernvoraussetzungen ausreichend genug kennen, muss sich die gezielte Förderung vorläufig auf die Bereiche konzentrieren, die als Risikofaktoren bisher ausfindig gemacht wurden:

„Bei den allgemeinen und den besonderen Fördermaßnahmen handelt es sich um:

- Übungen, die geeignet sind, Schwierigkeiten in jenen Bereichen abzubauen, die als Voraussetzungen für den Lese- und Schreiblernprozess angesehen werden.

Sie können unter anderem eine Förderung
- der Groß-, Fein- und Graphomotorik,
- der visuellen und auditiven Wahrnehmung,
- der sprachlichen Fähigkeiten,
- der Merkfähigkeit und Konzentration

umfassen." (LRS-Erlass NRW)

Anregungen für die Praxis

Förderung der Motorik
- Grundzüge der Förderung
  Im Vordergrund steht die Förderung des Gleichgewichts und der Körperkoordination. Erst wenn die Großmotorik koordiniert ist, kann mit großem Ertrag an der Graphomotorik gearbeitet werden. Konzentrieren Sie sich also nicht zu früh auf die Schreibmotorik. Wichtiger sind bei Grundschulkindern rhythmische Übungen, wie zum Beispiel das Bewegen nach Musik.
- Alltagshilfen
  GroßmotorischeKoordination/Gleichgewicht: schaukeln, reiten, schwimmen – in der Turnhalle: Rollbrett, Trampolin, tanzen, nach Musik bewegen.

Feinmotorik: kneten, mit Ton arbeiten, ausmalen (zunächst großflächig malen), nach Musik malen, ausschneiden, Ausschneidebögen (Anziehpuppen, usw.).

Graphomotorik: Schwungübungen, Nachfahrbuchstaben; möglichst eine Übung so lange hintereinander üben, bis die Bewegung automatisiert ist, dann erst mit der nächsten beginnen.

* Förderprogramme
  MERTENS, KRISTA/WASMUND-BODENSTADT, UTE: Zehn Minuten Bewegung. Verlag Modernes Lernen, Dortmund 2006
  GRÖSSING, NIKOLAUS und STEFAN: Kinder brauchen Bewegung, ein Leitfaden für Eltern und Erzieher. Limpert-Verlag, Wiesbaden 2002
  SCHILLING, FRIEDHELM: Spielen, Malen, Schreiben, Marburger Graphomotorische Übungen. Verlag Modernes Lernen, Dortmund 2004
  ZIMMER, RENATE: Handbuch der Psychomotorik. Verlag Modernes Lernen, Dortmund 1999

Förderung der visuellen und auditiven Wahrnehmung

* Grundzüge der Förderung
  Treten Schwierigkeiten im Lesen und Schreiben auf, dann ist vor jeder Förderung im visuellen und auditiven Bereich zunächst immer zu überprüfen, ob bei dem Kind eine organische Beeinträchtigung vorliegt. Die Empfehlung an die Eltern, ihr Kind beim Augen- oder beim Hals-Nasen-Ohrenarzt vorzustellen, gehört daher dazu.
  Bei der Förderung von Entwicklungsrückständen im Bereich der Wahrnehmung hat sich gezeigt, dass ein isoliertes Training der Wahrnehmung zu keinem direkten Erfolg beim Lesen- und Schreibenlernen führt. Dies gilt insbesondere für die auditive Diskrimination. Hilfreich ist es, Wahrnehmungsübungen an der Schrift (visuelle Differenzierung) und der Sprache (auditive Diskrimination) durchzuführen.
* Alltagshilfen
  Optische Differenzierung:
  – vorgegebene Buchstaben aus einem Text heraussuchen und farbig markieren
  – Anfangsbuchstaben (später Buchstabenfolgen) aus einem Text heraussuchen und markieren
  – Buchstaben (Wörter) in verschiedenen Druckschriften aus Zeitung ausschneiden usw.
  Akustische Differenzierung: siehe Sprachförderung
  Weniger Erfolg versprechend sind ganzheitliche Übungen, wie zum Beispiel:

- Buchstaben kneten, backen
- mit dem Seil in der Turnhalle auslegen und mit offenen/geschlossenen Augen nachgehen/kriechen
- Buchstaben aus Schmirgelpapier ausschneiden und mit geschlossenen Augen ertasten
- Buchstaben aus Holz ertasten
- Buchstaben auf Rücken malen usw.
- Spiele
  Eigentlich fördert jedes Spiel die Wahrnehmung. Insbesondere die Eltern können ihr Kind am besten dadurch fördern, dass sie ausgiebig und viel mit ihrem Kind spielen. Dabei sollten sie das spielen, wozu sie selbst Lust haben und was den Kindern Spaß macht (und nicht das, wovon sie glauben, dass es den größten Trainingseffekt hat).
- Förderprogramme (Allgemeine Wahrnehmungsförderung)
  OY VON, CLARA MARIA/KAGI, ALEXANDER: Lehrbuch der heilpädagogischen Übungsbehandlung. Universitätsverlag Winter, Heidelberg 2002
  HIRLER, SABINE: Wahrnehmungsförderung durch Rhythmik und Musik. Herder, Freiburg 2006
  ZUCKRIGL, HILDEGARD und ALFRED/HELBING, HANS: Rhythmik hilft behinderten Kindern. Reinhardt Verlag, München 1999

Förderung der sprachlichen Fähigkeiten und Sprachverarbeitung
- Grundzüge der Förderung
  Eine wichtige Voraussetzung für den Lese- und Schreiblernprozess ist die Sprachkompetenz und hier vor allem die sprachliche Durchgliederung. Im Wesentlichen kommt es darauf an, mit dem Kind zu üben, einzelne Laute aus einem Wort „herauszuhören" (Wörter akustisch zu zerlegen).
- Alltagshilfen
  Besonders Erfolg versprechend sind:
  - Reime und Kinderverse
  - rhythmische Sprachstücke und Lieder
  - rhythmische Bewegungs-Sing-Spiele
  - Stadt-Land-Fluss-Spiele in entsprechenden Abwandlungen
  - Bildergeschichten (als Sprechanlässe)
- Spiele
  Nehmen Sie die Spiele nicht als Empfehlungsliste für die Eltern, sondern als Fördermaterialien. Benutzen Sie diese auch so (und nicht als Spiele).
  - Sprich genau Hör genau. Otto Maier, Ravensburg 2001

– Differix. Otto Maier, Ravensburg 2006
oder ähnliche Spiele anderer Verlage
• Förderprogramme
Förderprogramme zur Sprachförderung sind meist auf den Kindergarten oder die Logopädie und Sprachtherapie ausgerichtet. Da eine gezielte Sprachförderung vor allem in der Klasse 1 stattfinden wird, können Sie aus dem Kindergartenbereich für die Arbeit in der Grundschule
viele Anregungen für die Förderung erhalten. So zum Beispiel bei:
EICHHORN, ANKE/PELZEDER, GABRIELE: Komm mit, wir wollen spielen,
malen, singen lernen. Auer, Donauwörth 2006
HEUSS, GERTRAUD E.: Sehen Hören Sprechen. Ravensburger, Ravensburg 2006
KONIETZKO, CHRISTA: Sing-, Kreis-, Finger- und Bewegungsspiele. HVA
Schindele, Heidelberg 1990
KÜSPERT, PETRA/SCHNEIDER, WOLFGANG: Hören, lauschen, lernen. Van-
denhoeck & Ruprecht, Göttingen 2006
MONSCHEIN, MARIA: Spiele zur Sprachförderung, Band 1 und Band 2.
Don Bosco Verlag, München 2003/1998

Direkt auf das Heraushören von Lauten ausgerichtet ist das Computerprogramm: Graf Orthos Laut-Buchstaben-Sortiermaschine, www.
collishop.de, Lerndesign, Gießen 2005. Dieses Programm bietet vielfältige Übungen zu den regelhaften Laut-Buchstaben-Beziehungen. Da in
diesem Programm die Wörter und Laute deutlich vorgesprochen werden, ist es auch besonders für Kinder mit Sprachschwierigkeiten geeignet und ebenso für Kinder, die in einer anderen Muttersprache aufge-
wachsen sind.
Hilfreiche Anregungen für Eltern zum häuslichen Üben finden Sie in
dem Buch:
SOMMER-STUMPENHORST, NORBERT: Laute heraushören, Laute zusammenfügen. Collishop, Beckum 2006
Zahlreiche Übungen für Partnerarbeit sind enthalten in:
SOMMER-STUMPENHORST, NORBERT: Lautkartei. Collishop, Beckum 1999–
2006

Förderung der Merkfähigkeit und Konzentration
• Grundzüge der Förderung
Je mehr wir lernen, desto mehr können wir mit bereits Bekanntem verbinden. Je mehr wir behalten (uns merken), desto mehr können wir uns
merken. Ob wir etwas behalten, hängt davon ab, ob wir es bewusst

wahrnehmen und wie intensiv (wie bedeutsam) die Wahrnehmung ist. Zuhören alleine reicht nicht. Wir müssen daher erreichen, dass die Kinder die Aufmerksamkeit auf den zu lernenden Gegenstand ausrichten, d. h. er muss in allererster Linie interessant sein (für die Kinder!). Die Merkfähigkeit muss aber auch tagtäglich durch kleine Übungen geschult werden.

Konzentration hängt in besonderem Maße davon ab, ob es gelingt, die Bewegungen auszuschalten, und ob das Ziel der Konzentration von Bedeutung ist (z. B. einen spannenden/langweiligen Text lesen).

Kinder mit motorischen Auffälligkeiten (Schwierigkeiten in der Koordination, hyperaktive Kinder) haben Konzentrationsschwierigkeiten auf Grund dieser motorischen Schwierigkeiten. Daher hilft bei diesen Kindern kein Konzentrationstraining, sondern nur eine motorische Förderung. Konzentriertes Arbeiten wird nicht durch Konzentrationsspiele, sondern nur durch das Vermitteln von Lern- und Arbeitstechniken erreicht.

Hilfreich ist es daher vor allem die Kinder dazu anzuleiten, wie sie eine Aufgabe in kleine Schritte zerlegen, die Arbeitszeit sinnvoll einteilen können usw. Sehr viel ertragreicher als die käuflich zu erwerbenden Konzentrationsübungen mit Durchstreich- oder Suchaufgaben ist es, mit Kindern Gesellschaftsspiele zu spielen. Dies bietet gerade jenen Kindern, die sich nur schwer konzentrieren können, vielfältige Möglichkeiten, ihre Ausdauer, Merkfähigkeit, Frustrationstoleranz, Beobachtungsgabe usw. zu üben. Eltern immer wieder anzuregen, mit ihren Kindern zu spielen, ist die beste Förderung von Konzentration und Aufmerksamkeit und darüber hinaus natürlich sehr viel mehr.

- Spiele
  Hilfreich sind alle Spiele, in denen Kinder sich etwas merken oder ihr Wissen in neue Zusammenhänge bringen müssen. Hierzu gehören zum Beispiel:
  – alle Memory-Spiele wie z. B. Junior Memory, Kofferpacken, Natur-Memory, Original Memory, Schau genau usw.
  – alle Kim-Spiele wie z. B. Tasten, Anzahl/Menge, Form und Farbe, Geräusche usw.
  – „Ich sehe was, was du nicht siehst, und das ist …" in vielfältigen Abwandlungen wie z. B. riechen, Farbe, Buchstaben des Wortanfangs usw.
  – „Ich kenne eine Stadt, die fängt mit ‚K' an …" in vielfältigen Abwandlungen, wie z. B. Wortanfang, Wortende, Stadt, Name von Mitschülern, Gegenstand in der Klasse usw.

Weitere Spielideen finden Sie auch im Internet, zum Beispiel auf der Seite von KAI HIRSCHMANN: www.info-kai.de/spiele/spielekartei.cfm. Viele Gesellschaftsspiele fördern implizit auch Ausdauer, Frustrationstoleranz, strategisches Vorgehen, logisches Denken und die Merkfähigkeit.

Eine unabhängige Jury des Vereins „Spiel des Jahres" bewertet jährlich die besten Spiele für Kinder. Die Bewertungen finden Sie im Internet unter: www.spiel-des-jahres.com. Hilfreich für die Auswahl geeigneter Spiele für Kinder ist auch MICHAEL PRÖSSELS Internetseite www.michasspielmitmir.de. Diese Seite enthält auch ein Forum mit interessanten Beiträgen zu einzelnen Spielen.

- Förderprogramme/Literatur
  KROWATSCHEK, DIETER/ALBRECHT, SYBILLE/KROWATSCHEK, GITA: Marburger Konzentraitonstraining (MZK) für Schulkinder. Verlag Modernes Lernen, Dortmund 2004
  VESTER, FREDERIC/BEYER, GÜNTHER/HIRSCHFELD, MALTE: Aufmerksamkeitstraining im Unterricht. Quelle & Meyer, Heidelberg 2002
  Empfehlenswert auch für Lehrerinnen und Lehrer der Klassiker der klinischen Psychologie:
  LAUTH, GERHARD W./SCHLOTTKE, PETER F.: Training mit aufmerksamkeitsgestörten Kindern. Beltz, Weinheim 2002

5.4   Hilfe zur Selbsthilfe geben

Wenn Lese- und Rechtschreibschwierigkeiten auftreten, dann ist es selbstverständlich, dass Lehrerinnen, Lehrer und Eltern dem Kind helfen. Doch die Hilfe zur Selbsthilfe ist die beste und dauerhafteste. Die Mutter, mit ausreichend Fördermaterialien von der Lehrerin oder dem Lehrer ausgestattet, ist auf Dauer eine denkbar schlechte Hilfe.

„Zur Förderung gehört es deshalb auch, die Schülerin oder den Schüler zu selbstständigem und eigenverantwortlichem Arbeiten zu führen."
(LRS-Erlass NRW)

Es reicht nicht, die Hausaufgaben in Mathematik selbstständig zu machen. Entscheidend ist die Bereitschaft, an seinen Lernschwierigkeiten etwas zu ändern. Nach meiner Erfahrung ist dies die schwierigste Aufgabe jeder Förderung und es bedarf hierzu eines großen pädagogischen Geschicks. Fachwissen allein reicht hier nicht.

Ist die Schülerin oder der Schüler nicht intrinsisch (von sich aus) motiviert, werden wir uns bei der Förderung in immer neue Motivationstricks verstricken. Es ist ein Irrtum zu glauben, dass es in erster Linie darauf ankommt, dass die Fördermaterialien bunt und motivierend und so gestaltet sind, dass Schülerinnen und Schüler „spielerisch" lernen. Fördermaterialien müssen kindgemäß sein, d. h. der Lebenswirklichkeit des Kindes und seinem Alter entsprechen. Bunte Motivationen, Tricks und Spiele sind überflüssig und lenken eher vom Eigentlichen ab.

Ein Schüler sagte mir einmal, als ich ihn nach dem LRS-Förderunterricht fragte: „Mir hängen die vielen Arbeitsblätter zum Halse heraus. Da sind immer schöne Bildchen, aber dann müssen wir doch immer das Gleiche machen. Ich möchte die Bilder so gerne bunt malen. Aber da sagt die immer: Mach das zu Hause!"
Eine andere Schülerin: „Wissen Sie, was die Lehrerin gemacht hat? Die hat meiner Mutter auf dem letzten Elternsprechtag Spiele empfohlen. Früher habe ich mit meiner Mutter immer Mensch-ärgere-Dich-nicht oder Mühle gespielt. Da hab ich auch öfter gewonnen. Jetzt muss ich abends mit ihr Wörtermemory und Stadt-Land-Fluss und Scrabble und all so ein' Quatsch spielen."
„In der Klasse haben wir so Lesespiele, so mit 'nem Kreisel, und du musst dann irgendein Wort sagen mit A oder E oder so. Und dann gucken wir, ob wir das Wort in unserer Lernkartei haben. Also wenn nicht, müssen wir es aufschreiben. Da kann die uns doch gleich eine Liste geben – und – und dann abschreiben oder so."
Am treffendsten fand ich Klaus, 12 Jahre: „Also im Förderunterricht und zu Hause machen wir immer so ein Rechtschreibspiel (Anm.: gemeint war das von Arndt Stein). Also das find ich nun wirklich blöd. Das ist ja kein Spielen. Also weißt du, wenn man Schreiben im Spielen lernt, dann muss ich wohl ziemlich blöde sein, dass ich das immer noch nicht kann. Also nee, da fühl' ich mich wirklich verarscht."

Es kommt nicht darauf an, dass die Fördermaterialien motivierend sind, sondern die Förderung!

Wenn die Motivation, die Lese- und Schreiblust, am Anfang der Förderung steht, ist es überflüssig, sie auf jedem Arbeitsblatt zu wiederholen; im Gegenteil, das stört und lenkt ab „vom Eigentlichen". Spielen in der Schule ist wichtig, um des Spielens willen und nicht als Werbetrick, um unangenehme Förderware zu verpacken. Mit Recht reagieren Schülerinnen und Schüler auf solche Tricks aversiv, falls sie nicht schon so angepasst sind, dass sie alles schlucken, was ihnen vorgesetzt wird.

Und sie sind mit Recht sauer – so wie wir, wenn wir im Supermarkt faule Eier in schöner Verpackung angeboten bekommen. Aus dem Supermarkt wissen wir, dass die aufwändige, zum Kauf lockende Verpackung allzu oft den kläglichen Inhalt verdecken soll. Unseren Schülerinnen und Schülern muten wir aber genau diesen Unfug zu und halten es auch noch für pädagogisch sinnvoll. „Faule Eier" – (eine schöne Sammlung solcher „faulen" Fördermaterialien finden Sie bei BLUMENSTOCK und VALTIN) schaden der guten Schülerin nicht – aber sie gehören nicht in die LRS-Förderung.

Anregungen für die Praxis

Wenn Sie sich auf die Suche nach geeigneten Fördermaterialien begeben, dann lassen Sie sich nicht von bunten Bildern und Lernspielen verleiten. Konzentrieren Sie Ihre Suche auf solche Materialien, die selbstständig und ohne fremde Hilfe bearbeitet werden können. Dazu gehört auch die selbstständige Erfolgskontrolle.

Es ist nicht wichtig, dass die Übungsform permanent wechselt, im Gegenteil. Zumindest während einer Übungseinheit sollten Sie nicht mit mehr als drei verschiedenen Übungsformen arbeiten. Beschränken Sie sich auf einige wenige Übungsformen, dann brauchen die Schülerinnen und Schüler nicht vor jeder neuen Aufgabe erst einmal die Gebrauchsanweisung hierfür zu lesen. Auch dies lenkt „vom Eigentlichen" ab.

Als besonders taugliche Hilfsmittel zum selbstständigen Arbeiten haben sich Wörterlisten, Abschreibtexte, die Arbeit mit Wörterkarten, die Lernkartei, Kassettenrekorder, die Schreibmaschine und der Computer erwiesen.

Riskieren Sie es vor allen Dingen nicht, das Üben an jemand anderen (Mutter, Geschwister, Nachhilfelehrer) zu delegieren, wenn Sie nicht genau wissen, was diese machen und wie sie mit Ihrer Schülerin oder Ihrem Schüler umgehen. Einerseits geben Sie damit in der Regel die Steuerung der Übung aus der Hand. (Sie können nicht wissen, wie „motivierend" sich die Mutter nachmittags verhält.) Andererseits wird hier die Verantwortung für das Lernen von der Schülerin oder dem Schüler weg auf jemand anderes übertragen. Damit verhindern Sie ganz nachhaltig den Aufbau von Eigenverantwortung und Selbstständigkeit, ohne die kein Lernen funktionieren kann.

Bedenken Sie auch die Wirkung, die das Delegieren der Übung auf die Mutter oder den Vater bei dem Kind hat. In vielen Gesprächen mit Schülerinnen und Schülern wurde immer wieder deutlich, dass die gut gemeinten Hilfen für das häusliche Üben sich nicht immer positiv auf die Beziehung zwischen Lehrerin und Schüler auswirken.

Führt das Üben mit der Mutter nicht zum gewünschten Erfolg, dann wird von den Schülerinnen und Schülern häufig dieses Misslingen der Lehrerin zugeschrieben („Die weiß auch nicht, wie mir zu helfen ist.").

Ist die Mutter ungeduldig und übt schnell Druck aus, wird die Ursache für die missliche häusliche Stimmung bei der Lehrerin gesehen („Seit die meiner Mutter das Übungsheft gegeben hat …").

Gelingt demgegenüber die Förderung, dann wird dies meist nicht der Lehrerin zugeschrieben, die die Förderung organisiert hat („Meine Lehrerin hat mir das nie so gut erklärt wie meine Mama.").

Kinder in den ersten Klassenstufen interpretieren das Delegieren der Übung an die Mutter auch oft direkt auf der emotionalen Ebene („Die mag mich nicht." „Die kümmert sich nicht um mich." „Allen anderen hilft sie, nur mir nicht." usw.).

Sie tun sich und Ihrer Beziehung zur Schülerin nichts Gutes, wenn Sie die Hilfe an andere, insbesondere an die Mutter oder den Vater delegieren. Vor allem aber behindern Sie die Entwicklung des Selbstvertrauens und der Selbstständigkeit.

Der Abbau der oft riesigen Lücken ist eine harte Knochenarbeit, der sich der Schüler stellen muss und die ihm keiner abnehmen kann. Da hilft weder Überreden noch Zuckerbrot und Peitsche. Das wirksamste Mittel ist es, den Kindern ertragreiche und kontrollierbare Methoden zum selbstständigen Lernen an die Hand zu geben.

Natürlich gibt es Kinder, die selbstständiges Arbeiten und eigenverantwortliches Lernen erst noch lernen müssen. Für diese Kinder kann eine Unterstützung durch die Mutter beim nachmittäglichen Üben durchaus sinnvoll sein. Wichtig ist allerdings, dass Sie als Lehrerin oder Lehrer mit dem Kind und den Eltern hierüber sprechen und mitbekommen, wie die Unterstützung zu Hause organisiert ist und wie diese vom Kind erlebt wird.

5.5 Lern- und Arbeitstechniken

Bevor erfolgreich an den Lese- und Rechtschreiblücken gearbeitet werden kann, müssen die Schülerinnen und Schüler nicht nur motiviert sein. Es muss auch sichergestellt sein, dass sie im Problembereich erfolgreich arbeiten können. Sie werden es aus eigener Erfahrung wissen. Wenn Ihnen das Arbeiten Spaß macht, dann vergehen zwei, drei Stunden wie im Flug. Ist das Buch, das Sie lesen, interessant, werden Sie dranbleiben und weiterlesen wollen. Wenn Sie aber gezwungen sind, ein uninteressantes Buch zu lesen, werden Sie schon nach wenigen Minuten gähnen und die Seiten zählen.

Es ist ein gewaltiger Unterschied, ob wir über ein Unterrichtsfach sprechen, das dem Kind Spaß macht, in dem es erfolgreich ist, oder über eines, in dem sich die Lücken zu Bergen aufgetürmt haben. Die Lern- und Arbeitstechniken können in dem einen Fall ganz okay und ertragreich sein und im anderen Fall zu keinem nennenswerten Erfolg führen. Das Gleiche gilt für die Konzentration und Merkfähigkeit. Solange Kinder nicht gelernt haben, in ihrem Problembereich effizient zu lernen, solange ist das Üben am Symptom (Lesen und Rechtschreiben) vergebene Liebesmüh, doppelt und dreifach schwer.

„Zur Förderung gehört es deshalb auch,
* hilfreiche Arbeits- und Lernstrategien zum Abbau von Lernrückständen zu vermitteln,
* durch differenzierte Hausaufgaben ein gezieltes und selbstständiges Arbeiten aufzubauen und Überforderungen zu vermeiden."
(LRS-Erlass NRW)

Mit Erfolg in einem Bereich zu lernen, der Mühe macht und bisher nur Misserfolge einbrachte, gelingt Schülerinnen und Schülern nicht von selbst. Ein Lern- und Arbeitstraining muss daher fester Bestandteil jeder LRS-Förderung sein.

Anregungen für die Praxis

Wenn Sie Kinder mit starken Misserfolgsorientierungen haben, ist es hilfreich, den LRS-Förderkurs mit einem Lern- und Arbeitstraining zu beginnen. Auf diese Weise machen Sie die LRS-Förderung interessant, Sie fallen nicht gleich mit der Tür ins Haus. Die Schülerinnen und Schüler lernen etwas, was sie auch für andere Fächer gebrauchen können und sie „besser" macht (weil sie strategisch lernen) als die Mitschüler.

Während des Lern- und Arbeitstrainings nutzen sie die neuen Techniken mehr und mehr, um auch im Problembereich Rechtschreiben die Lücken abzubauen. Wenn sie erst einmal erfolgreich bestimmte Arbeitstechniken (Hausaufgaben, Vokabellernen) eingeübt haben, werden sie auch Vertrauen dazu haben, dass ihnen diese Techniken beim Rechtschreibenlernen weiterhelfen.

Sind die Kinder noch motiviert, wollen sie an ihrem Problem arbeiten, sollten Sie sofort mit Lese- und Rechtschreibübungen beginnen. Es hat sich bewährt, wenn Sie von Anfang an mit den Rechtschreibübungen auch Lern- und Arbeitstechniken einüben, ohne diese zunächst als solche hervorzuheben.

Erst später, wenn die ersten Lückenberge abgetragen sind, sollten Sie die gelernten Techniken thematisieren und diese so den Kindern auch für andere Lernbereiche erschließen.

Literaturhinweise

In den letzten Jahren sind unter dem Stichwort „Methodentraining" für die Grundschule eine Reihe interessanter Bücher erschienen. Die vollständigen Angaben können Sie dem Literaturverzeichnis ab S. 160 entnehmen. Wertvolle Anregungen für den Unterricht finden Sie bei CWIK, GABRIELE und RISTERS, WILLI sowie BRENNER, GERD und KIRA und auch in dem Titel von WOLFGANG ENDRES, REGULA GESSLER sowie JÖRG EICHENBERGER.

Interessante Anregungen für die Förderung des Lern- und Arbeitsverhaltens finden Sie auch in verschiedenen „Selbsthilfeprogrammen" für Schüler und Studenten. Besonders empfehlenswert sind die Bücher von WOLFGANG ENDRES und GUSTAV KELLER.

Nach meiner Erfahrung ist es wenig Erfolg versprechend, die Lerntrainings den Schülerinnen und Schülern (oder Eltern) zum „eigenständigen Durcharbeiten" an die Hand zu geben. Die Leistungsstarken machen das – die Kinder mit Lernschwierigkeiten nicht. Sie brauchen konkrete Handlungsanweisungen und vor allem ein kontrolliertes Einüben einzelner Techniken. Lernen lernen sollten die Schülerinnen und Schüler in der Schule und nicht alleine zu Hause.

5.6   Umgang mit Angst und Misserfolg

Haben sich erst einmal gravierende Lücken entwickelt, dann ist damit zu rechnen, dass der Schüler oder die Schülerin nicht mehr selbstsicher und gelassen in Klassenarbeiten hineingeht. Sie wird ängstlich und verunsichert sein. Auch dies muss in jede Förderung einbezogen werden. Wenn Schüler in Klassenarbeiten Angst haben, schreiben sie auch jene Wörter falsch, die sie sonst in ihrer Schreibung sicher beherrschen. Fehleranalysen und hierauf aufgebaute Trainingspläne sind dann weitgehend unsinnig. Wir wissen zunächst nicht, ob der Fehler auf dem Hintergrund von Stress und Denkhemmung entstanden ist, oder ob der Schüler die der Schreibung zu Grunde liegende Regelung nicht kennt.

„Zur Förderung gehört es deshalb auch,
* Hilfen für die Bewältigung der LRS aufzuzeigen, insbesondere für den Umgang mit Misserfolgen und Angst auslösenden Situationen (z. B. Prüfungen, Klassenarbeiten)." (LRS-Erlass NRW)

Wir können die LRS-Schüler nicht dauerhaft vor Misserfolgen schützen. Natürlich sehen sie, was die anderen können, erleben, dass ihnen vieles schwerer fällt als diesen. Aber wir können ihnen vermitteln, mit den Misserfolgen konstruktiv umzugehen. Sie müssen lernen, sich von diesen nicht überrollen und entmutigen zu lassen. Auch das geht nur, wenn sie motiviert sind und gelernt haben, selbstständig und eigenverantwortlich an ihrem Problem zu arbeiten. Zur LRS-Förderung gehört daher auch die Vermittlung von Techniken zum Umgang mit Mitsserfolgen und zum Angstabbau (z. B. Entspannungstraining, autogenes Training).

Anregungen für die Praxis

Es ist nur wenig Erfolg versprechend, wenn Sie versuchen, ein Entspannungstraining im Förderunterricht einzuüben, ohne selbst einmal an einem entsprechenden Kurs teilgenommen zu haben. An jeder Volkshochschule und Familienbildungsstätte werden Kurse in Muskelentspannung (nach JACOBSEN) oder zum autogenen Training (nach SCHULZ) angeboten. Nutzen Sie ein solches Angebot, für sich und Ihren Unterricht.

Andererseits: Ein „komplettes" Entspannungstraining ist zwar hilfreich, etwas weniger tut es jedoch auch. Nutzen Sie die eigene und die Erfahrung der Schüler. Fragen Sie im Unterricht, wie die Kinder „zur Ruhe" kommen und sich entspannen. Sie werden dann schnell auf die gleichen Strategien stoßen wie die professionellen Trainingsangebote. Sie können dann gemeinsam besprechen, welche Lösung in Stresssituationen im Unterricht jeder Einzelne für sich finden kann.

Wichtige Bausteine für eine wirksame Entspannung sind:
*   *Ausschalten motorischer Aktivität*
    Die Profis legen sich hin oder setzen sich entspannt in einen Sessel.
    Die Schülerinnen und Schüler schildern: aufs Bett legen, gemütlich aufs Sofa kuscheln, in die Hängematte legen, auf die Schaukel setzen.
    Im Unterricht haben die Schülerinnen und Schüler nur eine Möglichkeit: sich ruhig und locker (und bequem?) auf ihren Stuhl zu setzen.
*   *Ausschalten visueller Ablenkungen*
    Die Profis schließen die Augen oder fixieren einen Punkt, sorgen also dafür, dass die Augen ruhig bleiben und sich nicht bewegen.
    Schülerinnen und Schüler schildern Ähnliches: Fernsehen, starr vor sich hindösen, aufs Bett legen und die Decke anstarren, vor das Aquarium setzen.

Im Unterricht können die Schülerinnen und Schüler ebenso einen „Entspannungspunkt" (z. B. selbst gemaltes kleines Bildchen, was im Federmäppchen liegt) fixieren, die Augen schließen (z. b. wenn eine Aufgabe vorgelesen wird). Vor allem aber sollten sie vermeiden, die anderen anzusehen oder in der Klasse herumzugucken.

* *Ausschalten akustischer Ablenkungen*
  Profis gewöhnen ihre Ohren an die umgebenden Geräusche und schalten somit immer besser ab. Schülerinnen und Schüler hören vornehmlich Musik zum Entspannen. Allerdings brauchen sie auch einen Raum, in dem sie ungestört sind, ohne rein- und rauslaufende Geschwister oder ein klingelndes Telefon. Im Unterricht ist dies schwierig. Viele Kinder haben kein Gespür für die eigene Lautstärke. Abhilfe kann hier eine „Lärm-Ampel" (http://www.org.delta.de) schaffen. Hilfreich ist es, Entspannungsphasen mit Musik einzuleiten. Nutzen Sie hierfür vornehmlich langsame Musikstücke im Tempo von Adagio.
  Gerade für hyperaktive Kinder hat es sich bewährt, dass sie in Phasen der Konzentration „Ohrstöpsel" tragen. So können sie am wirksamsten die störenden Umweltgeräusche ausschalten und leichter zur Ruhe und Konzentration finden. Schöne Ohrstöpsel in poppigen Farben (z. B. MulitPlux von Ohropax) kosten kaum mehr als 5 Euro.

* *gleichmäßige ruhige Atmung*
  Indem sie ihre Aufmerksamkeit auf die Atmung richten, erreichen Profis ein Höchstmaß an Abschaltung und Konzentration.
  Bewusst achten Schülerinnen und Schüler nicht auf ihre Atmung. Allerdings schildern alle, dass sie, wenn sie entspannt sind, auch ruhiger atmen. Der Profi macht es genau umgekehrt: Er kommt zur Ruhe, indem er ruhig atmet.
  Das bewusste, gleichmäßige tiefe Ein- und Ausatmen ist die beste Möglichkeit, schnell zur Ruhe und Konzentration zu kommen.

* *Gedanken laufen lassen oder Gedanken auf ein Thema ausrichten*
  Auch für Schülerinnen und Schüler ist dies „das Eigentliche" der Entspannung: zu träumen, den Gedanken freien Lauf lassen, sich etwas Schönes ausmalen.
  Im Unterricht nutzen wir dies zu positiven Einstimmungen („Ich bin ruhig und gelassen." „Ich schaff' das." usw.) oder gezielten Instruktionen („Gehe Schritt für Schritt vor!" „Erst hören, dann schreiben und beim Schreiben mitsprechen." „Beim Korrigieren: Lesen, was da steht!" usw.)
  Die Entspannungsphase kann auch genutzt werden, um noch einmal Regelungen zu wiederholen oder auf besondere Schwierigkeiten aufmerksam zu machen.

Es wird nicht gelingen, in der Schule Angst und Misserfolge von allen Kindern fernzuhalten. Daher ist es umso wichtiger, den Kindern Strategien an die Hand zu geben, wie man in Stress auslösenden Situationen (wie z. B. Klassenarbeiten) hiermit umgehen kann.

Wir dürfen von Schülerinnen und Schülern kein konzentriertes Arbeiten erwarten, wenn wir ihnen nicht vorher beigebracht haben, wie das geht, wie man sich in eine konzentrierte, entspannte Haltung bringt.

Die Schildkrötentechnik
Es war einmal eine hübsche kleine Schildkröte. Sie war 6 Jahre alt und gerade in die Schule gekommen ... Die kleine Schildkröte ging gar nicht gern zur Schule. Sie wäre viel lieber zu Hause bei ihrer Mutter und ihrem kleinen Bruder geblieben. Sie wollte nicht lernen; sie wollte draußen herumrennen und mit ihren Freunden spielen oder in ihrem Malbuch malen.
Es war einfach für sie zu schwierig, Buchstaben zu lesen oder von der Tafel abzuschreiben ... Es passte ihr gar nicht, dass sie still dasitzen und der Lehrerin zuhören sollte und dass sie nicht mehr so schön laut pfeifen und tuten durfte wie ein Feuerwehrauto. Es war einfach zu schwierig, immer daran zu denken, dass man nicht raufen oder laut sein durfte. Und es war auch zu schwer für sie, nicht wütend zu werden über all die Dinge, die sie wütend machten.
Jeden Tag auf dem Schulweg nahm sie sich vor, dass sie sich wirklich Mühe geben würde, heute nichts anzustellen. Aber es nützte nichts, jeden Tag brachte sie jemand so in Wut, dass sie zu raufen anfing, oder sie wurde so wütend über einen Fehler, dass sie ihr Heft zerriss. So geriet sie immer wieder in Schwierigkeiten und nach ein paar Wochen hasste sie die Schule. Sie dachte allmählich, sie sei eine „böse Schildkröte".
Lange Zeit war sie sehr, sehr unglücklich. – Eines Tages, als sie besonders traurig war, begegnete sie der größten, ältesten Schildkröte der Stadt. Es war eine weise, alte Schildkröte. Sie war 200 Jahre alt und so groß wie ein Haus. Die kleine Schildkröte sprach sie mit ganz leiser Stimme an, denn sie fürchtete sich sehr vor ihr. Aber die alte Schildkröte war freundlich, hörte ihr gut zu und war gleich bereit, der kleinen Schildkröte zu helfen. „Du Kleine", sagte sie mit ihrer lauten, schallenden Stimme, „ich verrate dir ein Geheimnis. Weißt du nicht, dass du die Lösung für deine Probleme mit dir herumträgst?" Die kleine Schildkröte wusste nicht, was sie meinte.
„Dein Panzer, dein Panzer!" schrie die große Schildkröte. „Deswegen hast du doch einen Panzer. – Du kannst dich in deinem Panzer verstecken, wenn du wütend wirst. – Wenn du in deinem Panzer bist, hast du Zeit abzuwarten und zu überlegen. – Also – wenn du wieder zornig wirst, ziehst du dich einfach in deinen Panzer zurück." Der kleinen Schildkröte gefiel dieser Vorschlag.
Der nächste Tag kam und wieder machte sie einen Klecks auf ihr schönes sauberes Papier. Sie bekam wieder dieses zornige Gefühl und war gerade dabei, einen Wutanfall zu bekommen, als ihr plötzlich einfiel, was die alte Schildkröte gesagt hatte.

Schnell wie ein Blitz zog sie Arme, Beine und den Kopf ein und blieb ganz ruhig, bis sie wusste, was sie tun sollte. Sie war froh darüber, dass es in ihrem Panzer so schön bequem war und dass sie hier niemand stören konnte. Als sie wieder herauskroch, wunderte sie sich, als die Lehrerin ihr zulächelte. Sie sagte ihr, dass sie wohl wegen des Kleckses so wütend gewesen sei. Aber die Lehrerin sagte auch, sie sei sehr stolz auf sie!

Die kleine Schildkröte wandte ihren geheimen Trick das ganze Schuljahr über an. Am Ende war ihr Zeugnis das beste in der ganzen Klasse. Alle bewunderten sie und fragten, was wohl ihr Geheimnis sei.

Nach dem Vorlesen der Geschichte kann man mit den Schülerinnen und Schülern die Schildkrötentechnik ausprobieren: Man legt die Arme auf den Tisch, schließt die Augen und legt den Kopf auf/zwischen die Arme. Nun kann man noch Atemübungen (tief ein- und ausatmen) oder positive Selbstinstruktionen („Ich bin jetzt ganz ruhig und gelassen.") anfügen oder auch Übungen zur Muskelan- und -entspannung (Beine anziehen, Faust machen – locker lassen usw.) machen.

Später kann die Schildkrötentechnik auch genutzt werden, um Gesprächsrunden vorzubereiten, in denen mit den Kindern über Konflikte und Schwierigkeiten gesprochen wird. Eine solche Gesprächsvorbereitung führt zu sehr viel ruhigeren und gelasseneren Gesprächen der Kinder untereinander.

Literaturhinweise

Für Kinder im Grundschulalter gibt es eine schöne CD-Reihe, in der ein Muskelentspannungstraining Schritt für Schritt eingeführt wird. Es sind die Geschichten von Stecki 401, einem Wesen aus dem All, das auf der Erde zwei Kinder trifft und mit diesen allerhand Abenteuer übersteht.

REFAY, HASSAN: Stecki 401 – Entspannung und Konzentration durch Geschichten für Jungen und Mädchen ab 5 Jahren, 12 Kassetten bzw. CDs; zu beziehen über: www.stecki401.com.

Geschichten für das Entspannungstraining und Phantasiereisen finden Sie bei MAUREEN GARTH, REINHARD BRUNNER und ELSE MÜLLER (s. die genauen Angaben im Literaturverzeichnis).

Es gibt inzwischen hunderte CDs mit ruhiger Musik für Entspannungsübungen. Dabei muss man nicht unbedingt auf speziell für Kinder angebotene Entspannungsmusik zurückgreifen. Ich nutze gerne langsame klassische Musik (Gitarre, Flöte, Klavier) und den Kindern gefällt es ebenso.

* Leichte Klassik – Meditationen, Philips, 1994
* Best of Meditation, Deutsche Grammophon, 2003
* Träumerei (Klassische Musik zur Entspannung), Arte Nova, 2000

Viele CDs, die speziell als „Entspannungsmusik für Kinder" angeboten werden, sind einfach gestrickte Synthersizerstücke mit immer gleich klingenden Weichspülmelodien. Hilfreiche Beschreibungen zu brauchbaren Musikstücken für Kinder finden Sie im Internet unter www.toene-fuer-kinder.de.

5.7   Fehlende Motivation – Lernen am Erfolg

Ganz besonders schwierig ist es, mit Schülerinnen und Schülern zu arbeiten, die inzwischen jede Motivation zum Schreibenlernen verloren haben. Insbesondere an den Hauptschulen sind diese Schüler zu finden. Sie haben meist eine lange Misserfolgskarriere hinter sich und schützen sich nun mit ihrer Null-Bock-aufs-Schreiben-Haltung vor weiteren Misserfolgen.

Dieser Schutzmechanismus ist zunächst ganz gesund. Das Kind schützt sich davor, neurotisch zu werden oder psychosomatische Krankheiten zu entwickeln. In der Tat ist es für ein Kind im Alter von etwa zehn, elf Jahren auch eine unerträgliche Aussicht. Wir als Erwachsene können uns das Dilemma, in dem diese Kinder oftmals stecken, nicht vorstellen, weil wir in eine solche ausweglose Situation kaum hineinkommen können.

Versuchen Sie einmal, sich die Situation von Franz vorzustellen. Franz ist in der 4. Klasse und hat die letzten drei Diktate mit über 25 Fehlern und natürlich „ungenügend" geschrieben. Es ist klar, dass ihm Lesen und Schreiben keinen Spaß mehr macht. Es ist für ihn mühsam und anstrengend

Franz weiß ganz genau: Morgen früh in der Schule – 1. und 2. Stunde Sprache, da wird gelesen und geschrieben. 3. Stunde Mathematik, Textaufgaben, wieder lesen. 4. Stunde Musik – da muss ich Noten lesen, das ist auch schwierig. 5. Stunde Sachkunde, wieder lesen, und selbst in der 6. und letzten Stunde, in Religion, sollen wir eine Geschichte aus der Bibel lesen. Es vergeht keine Stunde, ohne dass nicht gelesen oder geschrieben wird.

Doch das ist nicht nur morgen so, sondern auch die ganze nächste Woche, den ganzen Monat, ja bis zum Schuljahresende. Und nicht einmal dann hört es auf. Die nächsten sechs Jahre muss ich in der Schule tagein, tagaus lesen und schreiben. Einziger Lichtblick ist der Sportunterricht, aber auch da hat unser hyperaktiver Franz so seine Schwierigkeiten.

Wenn Sie sich nun noch vorstellen, dass Franz gerade zehn Jahre alt ist, gerade erst vier Jahre Schule hinter sich hat, dann können Sie vielleicht ahnen, welche Dimension die Lese- und Rechtschreibschwierigkeiten für Franz bekommen. Für einen Zehnjährigen sind sechs Jahre fast die Hälfte seines bisherigen Lebens! Stellen Sie sich vor, Sie müssten die nächsten 20, 25 oder 40 Jahre Ihres Lebens jeden Tag mehrere Misserfolge einstecken! Ist es da nicht gesund, wenn sich Franz einen Panzer anschafft und sich um alles, was mit Lesen und Schreiben zu tun hat, herumdrückt?

Gerade weil viele Kinder diesen Schutz vor Misserfolgen so dringend brauchen, ist es extrem schwer, sie zu motivieren. Jede LRS-Förderung – gerade der Älteren – muss viel Zeit und Kraft, viel pädagogisches Geschick auf den (Neu)Aufbau einer Lernmotivation im Problembereich verwenden. Im Wesentlichen stehen der Schule hierfür drei Strategien zur Verfügung:
1. konsequente Erfolgsrückmeldung,
2. kleine Schritte,
3. Belohnungen.

Konsequente Erfolgsrückmeldung

Bei demotivierten Schülerinnen und Schülern ist nichts wichtiger als eine konsequente Erfolgsrückmeldung. Es gibt keine erfolglosen Schüler! Wenn sie im LRS-Förderkurs keinen Erfolg haben, dann sind die Anforderungen zu hoch gestellt. Beginnen Sie mit Anforderungen, bei denen sie mit Sicherheit Erfolg haben werden. Zwingen Sie die Kinder zum Erfolg! Ohne diesen Grundstein wird jede LRS-Förderung erfolglos verlaufen. Nehmen Sie als Erfolgsmaß ein „objektives" Instrument. Denkbar ungeeignet ist die Anzahl der Fehler. Besser ist es, mit Prozentwerten zu operieren.

$$\text{Fehlerprozent} \quad = \quad \frac{\text{Anzahl der Fehler} \cdot 100}{\text{Anzahl der Wörter}}$$

Der Fehlerprozentwert kann auch besser auf Teilziele und einzelne Fehlerschwerpunkte abgestimmt und als Verlaufsgrafik dargestellt werden.

$$\text{Fehlerprozent} \quad = \quad \frac{\text{Anzahl der Fehler im Fehlerschwerpunkt} \cdot 100}{\text{Anzahl der Fehler gesamt}}$$

Nutzen Sie für die Erfolgsrückmeldung Visualisierungshilfen: Tabellen, Grafiken, Schautafeln, Zentimetermaß usw. Hängen Sie diese sichtbar auf oder heften Sie diese als erste Seite in die Fördermappe der Schülerin oder des Schülers, sodass diese immer wieder sichtbar ist.

Kleine Schritte

Der Berg der Lücken ist für diese Kinder oft unüberschaubar groß. Auch wissen sie nicht so recht, wo sie anfangen sollen. Üben sie wirklich einmal einige Wochen lang jeden Nachmittag, dann kommen in der nächsten Klassenarbeit die geübten Wörter nicht vor. Bis erste Erfolge in Klassenarbeiten sichtbar werden, ist es ein weiter Weg.

Dieser weite Weg muss in der LRS-Förderung überschaubar gemacht werden. Hilfreich ist es, die gemachten Verschreibungen nach den unten beschriebenen Kategorien zu unterteilen. Wenn die Schülerin oder der Schüler nun an einem Schwerpunkt arbeitet, können Sie konsequent messen und zurückmelden, wie die Verschreibungen in diesem Bereich abnehmen. Erst wenn er in diesem Bereich sicher ist, gehen Sie zum nächsten Lernbereich über. Im Kapitel 7 und im Anhang (S. 168 ff.) finden Sie eine Beschreibung, wie der gesamte Lernbereich für die Kinder in überschaubare und bearbeitbare Schritte unterteilt werden kann.

Nach meiner Erfahrung tun sich viele Lehrerinnen und Lehrer schwer, Geduld zu haben, eine lange Durststrecke auszuhalten, eine Förderung konsequent über zwei Jahre zu planen und durchzuhalten.

> Ohne unsere Geduld und unseren langen Atem werden sich die Schülerinnen und Schüler nicht der langwierigen Knochenarbeit stellen und die unüberschaubaren Lücken abtragen können.

Belohnungen

Da die Abwehr der Misserfolge, das Nichtauseinandersetzen mit den eigenen Schwierigkeiten den Kindern einen Gewinn bringt (Schutz vor psychosomatischen Krankheiten, Depression und Neurosen), werden sie diese nicht von heute auf morgen ohne eine Alternative hierzu aufgeben. Gerade am Anfang der LRS-Förderung brauchen Kinder mit massiven Vermeidungshaltungen zusätzliche Anreize.

Es lohnt sich, hier Verstärkungen und Belohungen für das Erreichen eines Teilziels einzusetzen. Wenn Sie sicher sein können, dass die Eltern nicht kontrollierend und Druck ausübend auf ihr Kind reagieren, können Sie diese in das Belohnungssystem mit einbeziehen. Auf diese Weise wird auch deren geschwundenes Vertrauen in die Leistungsfähigkeit ihres Kindes wieder aufgebaut.

Belohnungen wirken nur dann verstärkend,

- wenn Sie hierüber mit der Schülerin oder dem Schüler klare Absprachen getroffen haben (Welches Ziel, welche Belohnung?)
- wenn das Ziel, das belohnt werden soll, in absehbarer Zeit auch erreichbar ist (Je massiver die Abwehr, desto kürzer der Zeitraum.)
- wenn die ausgehandelte Belohnung für die Schülerin oder den Schüler auch tatsächlich etwas Bedeutsames ist

* wenn Sie sich konsequent an die Absprache halten (Nur wenn Sie zu spät merken, dass das gesetzte Ziel nicht erreichbar ist, müssen Sie mit dem Schüler die Absprache beenden und ein neues Ziel festlegen.).

Als Belohnungen kommen nicht nur materielle Dinge in Betracht. Für Schülerinnen und Schüler oftmals viel interessanter sind Gutscheine, die ihnen bei Erreichen des Zieles bestimmte Dinge erlauben, z. B.:

* einmal keine Hausaufgabe im Fach Deutsch
* einmal im Förderunterricht Rollen tauschen, Schüler diktiert und Lehrerin schreibt für ihn (natürlich werden Fehler hierbei so gezählt, als ob der Schüler das Diktat geschrieben hätte)
* einmal lange schlafen und zu spät (20 Minuten) zum Unterricht kommen …

Sie werden mit Ihrer Schülerin und ihrem Schüler genügend Dinge finden, die diese gerne einmal machen würde, was Sie aber im Unterricht im Regelfall nicht zugestehen können.

Literaturhinweise

Hilfreiche Hinweise zur Motivationsförderung können Sie finden bei GUSTAV KELLER: Ich will nicht lernen! und THOMAS PHELAN. Das Buch des Letzteren ist auch für Eltern geeignet, ebenso wie das von GARRY BURNETT und KAY JARVIS. Alle vollständigen Angaben im Literaturverzeichnis.

6 Leseübungen

Werden die Lernvoraussetzungen berücksichtigt, dann kann auch erfolgreich am Symptom, den Lese- und Rechtschreibschwierigkeiten, gearbeitet werden. In diesem Kapitel weise ich auf Fördermaßnahmen und -materialien hin, die sich für Leseanfänger und bei der Förderung von Schülerinnen und Schülern mit besonderen Leseschwierigkeiten bewährt haben.

6.1 Lesen lernen Schritt für Schritt

Bei den Leseübungen unterscheiden wir verschiedene Lernebenen:
1. Einsicht in die Funktion der Schriftsprache (Kommunikationsfunktion, Merkfunktion)
2. Lesevoraussetzungen (sehen, hören, visuelle Differenzierung, Sprachverständnis, Wortschatz usw.)
3. Buchstabe-Laut-Zuordnung
4. das Erlesen einzelner Wörter (Lautsynthese)
5. flüssiges Lesen von Texten (schnelles Erfassen)
6. sinnentsprechendes (betontes) Lesen (vorlesen)

Die Einsicht in die Funktion der Schriftsprache und die Lesevoraussetzungen wurden in Kapitel 5 beschrieben. Flüssiges und sinnentnehmendes Lesen kann sich nur entwickeln, wenn die Kinder die Grundfertigkeiten des Lesens beherrschen. Sie spielen für die LRS-Förderung eine wesentliche Rolle.

Bei der Leseförderung besteht nach meiner Erfahrung die meiste Verunsicherung unter den Wissenschaftlern und Lehrerinnen. Im Grunde genommen werden für die leseschwachen Schüler die gleichen Methoden empfohlen, wie sie letztlich für alle anderen auch gelten. In der Regel besteht die besondere Leseförderung darin, die Methoden des Unterrichts mit der Fördergruppe noch einmal, langsamer und gehäuft durchzuführen. Dies spiegelt sich auch in den Erlasstexten wider:

„Bei den allgemeinen und den besonderen Fördermaßnahmen handelt es sich um: ...
Leseübungen, die in Verbindung mit der allgemeinen Sprachförderung geeignet sind, die Lesefertigkeit und Lesefähigkeit zu fördern. Systematische Ergänzungen des Leselehrganges (wie z.B. die Lautgebärden) gehören ebenso zur Leseförderung wie die Benutzung motivierenden Lesematerials, das zu selbstständigem Lesen anregen und die Lesefreuden wecken kann ...“ (LRS-Erlass NRW)

Es ist nicht leicht, aus der Vielzahl der angebotenen Materialien zur Leseförderung solche Methoden herauszufinden, die eine „systematische Ergänzung“ des Leselehrgangs darstellen und nicht nur das nachmachen, was im Unterricht ohnehin (ohne Erfolg) geübt wird.

Auch bei den neueren Ansätzen der Leseforschung sind spezielle Methoden für Kinder mit Leseschwierigkeiten nicht ausfindig zu machen. Noch immer geht man hier davon aus, dass alle Leseschwierigkeiten durch eine Verbesserung des Anfangsunterrichts für alle zu beheben sein werden.

Nach meiner Erfahrung ist dies nicht unbedingt der Fall. Richtig ist: Leseschwache Kinder brauchen vor allen Dingen Zeit und verstärkte Übung. Sie brauchen darüber hinaus jedoch zumindest in zwei Bereichen eine gezielte Förderung, und zwar:

1. bei der sprachlichen Durchgliederung und
2. bei den Lesetechniken zum Lesen bekannter und Erlesen unbekannter Wörter.

Literaturhinweis

Eine umfangreiche Zusammenstellung aller gängigen Leseübungen finden Sie bei LEONARD BLUMENSTOCK (vollständige Angaben s. S. 160).

Das Handbuch bietet für den Leseunterricht zu allen Ebenen des Leselernprozesses eine Vielzahl (rd. 500) Leseübungen an: zum Buchstaben-Laut-Bereich, zur Erfassung der Wortstruktur, zum selbstständigen Erlesen, zur Verbesserung der Lesefertigkeit und zur Bedeutungserschließung

Außerdem enthält es Materialiensammlungen zur Lautbildung, zur Einprägung der Laute, spezielles Übungswortmaterial und Grundwortschatzlisten.

Darüber hinaus findet man (allerdings auf dem Stand von 1995) Literaturverzeichnisse zu: Leselehrgängen, Lehr- und Lernmaterialien, Lesebüchern, Testverfahren und Literaturvorschläge zur Unterrichtspraxis.

Dieses Buch ist insbesondere für jene hilfreich, die sich von den Fibelvorgaben lösen wollen und weitergehende Leseübungen suchen. Allerdings sind in dieser umfangreichen Sammlung nicht nur sinnvolle Übungen aufgenommen worden, sodass eine kritische Sichtung notwendig ist. Dennoch: Das Buch ist eine wahre Fundgrube.

6.2 (Schrift)sprachliche Durchgliederung

Ganz unabhängig davon, welche Leselernmethode Sie bevorzugen, ob synthetische-, Ganzwort- oder gemischte Methode, ob Sie mit einem fibelorientieren Leselehrgang beginnen oder das Konzept „Lesen durch Schreiben" bevorzugen: Die Kinder müssen lernen, dass ein Laut durch einen (oder mehrere) Buchstaben abgebildet wird und dass ein Buchstabe einem (oder mehreren) Lauten zugeordnet wird.

Schwierig an der deutschen Schriftsprache ist, dass diese Zuordnung nicht immer eindeutig ist. Einerseits werden sehr verschieden klingende Laute mit ein und demselben Buchstaben wiedergegeben (z.B. die Vokale), andererseits werden gleich klingende Laute durch verschiedene Buchstaben repräsentiert (z.B. [f] – *f, v, ph*).

Dieser Erkenntnis nähern sich Kinder genauso wie beim Sprechenlernen: über die Erfahrung und das Ausprobieren, über die Bildung eines Schriftsprachgespürs. Grundlage ist ihr bis dahin entwickeltes Sprachgespür.

Genau hieran scheitern viele leseschwache Kinder. Häufig können sie nicht auf ein sicheres Sprachgefühl zurückgreifen, im Gegenteil, hier sind sie stark verunsichert. Kinder mit Leseschwierigkeiten brauchen daher zugleich mit den Leseübungen eine Förderung des Sprachgespürs. Sie müssen lernen, Worte nicht als „einen Klang" zu verstehen, sondern als „Klangzusammensetzung", eine Lautfolge.

Anregungen für die Praxis

* Arbeiten Sie bei allen Übungen mit Wörtern, von denen Sie ausgehen können, dass die Kinder die Bedeutung der Wörter sicher kennen.
* Gehen Sie bei den Einzelübungen in drei Schritten vor:
  a) Lautübungen (sprechen – nachsprechen)
  b) Sprache und Schriftbild (zeigen – sprechen – nachsprechen)
  c) Sprache und Schreiben (zeigen – sprechen – nachsprechen – schreiben, hierbei mitsprechen)

Folgende Einzelübungen sind hilfreich:

1. *Lautisolierung*
Ein Wort wird (mit verdecktem Mund) vorgesprochen. Das Kind soll den Anfangslaut lautiert sprechen: „Wie hört sich das Wort ‚Fisch' am Anfang an?"
Es werden mehrere Wörter mit gleichem Anfangslaut vorgelesen. Das Kind spricht den Anfangslaut und dann das ganze Wort: „F – Fisch, F – Farbe, F – Fuß" usw.
Endlaut heraushören: „Wie hört sich das Wort ‚Fisch' am Ende an?"

2. *Differenzierung*
Liste mit verschiedenen Wörtern vorlesen. Das Kind soll Wörter mit einem bestimmten Anfangsbuchstaben nachsprechen. „Ich lese dir jetzt verschiedene Wörter vor. Du sagst jedes Mal Stopp, wenn du ein Wort hörst, das mit ‚sch' anfängt: Auto, Teich, Fisch, Schaufel – " „Stopp!" „Ja, richtig, sprich das Wort einmal nach." usw.
Wörter, die am Ende einen bestimmten Laut haben, dann Wörter mit einem bestimmten Laut im Wortinneren erkennen und nachsprechen.

3. *Laute verbinden*
Wörter werden buchstabenweise vorgesprochen. Das Kind soll das ganze Wort nachsprechen: F – i – sch, Au – t – o usw.
Die gleiche Übung kann auch mit Unsinnwörtern (Indianersprache) gemacht werden. Dies zwingt zum genauen Hinhören. Die Kinder können nicht raten, sondern müssen die Laute zusammenziehen: r-a-t-u, k-e-b-a usw.

4. *Laute ergänzen*
Es werden Wörter vorgesprochen, aus denen einzelne Laute weggelassen werden. Das Kind soll den Laut ergänzen und das Wort als Ganzes sprechen: Au.o, Ka.ender. Später werden zwei Buchstaben weggelassen: Wa.er.ahn, Au.o.üssel. Besonders schwer ist es, wenn der Anfangslaut fehlt: .ild, .ade.anne usw.

5. *Wörter aufbauen*
Ein Wort wird buchstabenweise aufbauend gesprochen. A – Au – Aut – Auto. Das Kind soll das Wort sagen, sobald es richtig erkannt wird (Wörter raten).

6. *Klanggleiche Wörter suchen*
Ein Wort wird vorgegeben, das Kind soll so viele Reimwörter wie möglich finden. „lesen – Besen; laufen – raufen, saufen" usw.

7. *Laute ersetzen*
Es werden Reimwörter gesucht. Ein Wort wird vorgesprochen. Das Kind soll das Wort mit anderem Anfangsbuchstaben sprechen. „Wie heißt das

Wort? Ich sage ‚Fisch', und du ersetzt nun den Anfangslaut durch
ein ‚t'."

8. *Laute weglassen*
Es werden Wörter gesucht, die durch Weglassen des Anfangsbuchsta-
bens (später auch Endbuchstabe) ein neues Wort ergeben. „Wie heißt
das Wort? Ich sage dir ‚Krippe', und du sollst mir nun das Wort nachsprechen, dabei aber den Anfangslaut (am Anfang den Laut ‚k' benennen) weglassen." (z.B. f-Ast, K-Rippe, m-ein usw.)

9. *Wörter verändern*
Ein Wort wird vorgegeben. Durch ersetzen, hinzufügen oder weglassen
eines Lautes/Buchstabens soll das Wort immer weiter verändert werden: ‚Fisch' – ‚Tisch' – ‚Tische' – ‚Tasche' – ‚Lasche' – ‚Flasche' …"

Literaturhinweis

Eine Beschreibung solcher Sprachübungen finden Sie bei SOMMER-STUM-
PENHORST, Laute heraushören; Übungskarten für Lautübungen finden Sie
bei SOMMER-STUMPENHORST, Die Lautkartei (genaue Angaben s. S 163).

6.3   Leselernstufen – Lesetechniken

Wenn wir als Erwachsene lesen, dann benutzen wir mindestens zwei verschiedene Lesetechniken:

1. Wenn wir schnell lesen, erkennen wir anhand weniger Strukturmerk-
male, um welches Wort es sich (wahrscheinlich) handelt. Passt das Wort
in den Satz-(Text-)Sinn, wird es vom Gehirn akzeptiert, und wir lesen
weiter.

2. Stoßen wir auf ein unbekanntes Wort oder passt das gelesene Wort nicht
zu der aufgebauten Sinnerwartung, lenken wir unsere Aufmerksamkeit
auf das Wort und erlesen (erschließen) es uns, indem wir es aufbauend
lesen.

Diese beiden Lesetechniken vermitteln wir auch den Kindern in der Schule.
Sie lernen Wörter (simultan) zu erkennen, als Ganzes zu lesen. Sie lernen
auch, Einzelbuchstaben in Laute zu übertragen und mehrere Laute zu einem Wort „zusammenzuziehen". Für beide Techniken stehen viele Übungsformen zur Verfügung. Für die Leseschwachen werden Methoden gesucht,
die diese Techniken effektiv vermitteln. Um solche Methoden zu finden,
müssen wir verstehen, was in unserem Gehirn passiert, wenn wir lesen.

Unser Gehirn besteht aus zwei Hälften. Das Erwachsenengehirn verarbeitet die einkommenden Informationen nach verschiedenen Prinzipien. In der Regel verarbeitet eine Gehirnhälfte die Informationen simultan (ganzheitlich), die andere sequenziell (als zeitliche Folge). Diese unterschiedliche Verarbeitungsweise entwickelt sich zwischen dem 1. und dem 9. Lebensjahr (sie ist erst in der Pubertät weitgehend abgeschlossen). Am Anfang arbeiten beide Gehirnhälften nach dem simultanen Verarbeitungsprinzip. Erst mit der Zeit übernimmt eine Gehirnhälfte mehr und mehr das sequenzielle Prinzip. Auf diese Weise entwickeln sich Händigkeit und ein Sprachzentrum (beides sequenzielle Verarbeitungsformen).

Beim Lesen und Schreiben kommt es zu einem komplexen Zusammenspiel nicht nur der einzelnen Gehirnzentren untereinander (Sprachzentren, motorische Zentren, Sehzentren usw.), sondern auch der linken und rechten Gehirnhälfte. Die Informationen werden ständig zwischen beiden Gehirnhälften ausgetauscht und verschieden verarbeitet.

Nehmen wir einmal an, Sie lesen in einem Buch das Wort „Maus". Sie müssen das Wort zunächst als Wort erkennen, aus einer Zeile, einem Bild herausdifferenzieren (sequenzielle Verarbeitung). Auch müssen Sie feine Unterschiede am Wortanfang erkennen können (sequenzielle Verarbeitung) (Maus, raus, Haus usw.), da das Wort sonst einen anderen Sinn ergeben würde.

Indem Sie das Wort lesen, wird sich zugleich ein Bild (von einer Maus) in Ihrem Kopf bilden, vielleicht auch ein Geräusch von piepsenden oder raschelnden Mäusen, vielleicht auch ein Geruch oder eine Situation, die Sie einmal mit Mäusen erlebt haben. Dem gelesenen Wort werden intuitiv und blitzschnell Bedeutungen zugeordnet (simultane Verarbeitung).

Ihre Augen können das Wort unterschiedlich erfassen, z. B. als ganzes Wort (simultane Verarbeitung). Stellt sich heraus, dass das gelesene Wort nicht zum Satzsinn passt, werden Sie mit den Augen wieder zu diesem Wort zurückgehen und es nun buchstabenweise zusammensetzen (erlesen = sequenzielle Verarbeitung).

Beim Sprechen und Schreiben haben wir nur zwei Möglichkeiten: Wir müssen die Buchstaben entweder in eine Klangfolge (sprechen) oder eine Bewegungsfolge (schreiben) bringen. Beides ist nur möglich, wenn die Muskelbewegungen (der Hand oder der Zunge/Kehlkopf) eine bestimmte Reihenfolge einhalten. Gelingt dies nicht, kommt es zu einer verwaschenen oder unsauberen Aussprache oder zu Verschreibungen.

Wenn Sie das Wort schreiben wollen, müssen Sie zugleich auch den Satz, das Wort, den Einzelbuchstaben „im Kopf" haben (ganzheitliche Verarbeitung), sonst wissen Sie nach dem ersten geschriebenen Buchstaben nicht mehr, wie es weitergeht.

Sie sehen, beim Lesen und Schreiben sind nicht nur fast alle Gehirnzentren beteiligt. Diese sind auch andauernd damit beschäftigt, ihre Informationen untereinander auszutauschen und zu vergleichen, die gleichen Informationen unterschiedlich zu verarbeiten.

Die beiden Lesetechniken haben etwas mit den beiden Verarbeitungsprinzipien unseres Gehirns zu tun: Entweder wir erfassen anhand weniger

Merkmale ein Wort (simultane Verarbeitung) oder wir erlesen das Wort, setzen es Laut für Laut zusammen (sequenzielle Verarbeitung).

Wenn Sie einmal ein Schnelllesetraining mitgemacht haben, dann wissen Sie, dass der Trick des extrem schnellen Lesens darin besteht, möglichst umfassend die sequenzielle Verarbeitung auszuschalten. Das Schwierigste hieran ist das stumme Mitsprechen. Erst wenn Sie das innere Sprechen ausgeschaltet haben, gelingt es Ihnen, eine Seite (mit Verstand) in weniger als einer halben Minute zu lesen.

Für Leseschwache sind jene Methoden besonders hilfreich, die ein Verarbeitungsprinzip des Gehirns gezielt ansprechen. Die Lesetechniken werden dabei sinnvollerweise von der Lautsynthese über das silbenweise Lesen hin zum schnellen Erfassen von Wörtern vermittelt.

Leselernstufen:

1. Lautsynthese
Wörter mit Dauerkonsonanten und Vokalen
Einfache Laut-Buchstaben-Folgen
Zweisilbige Wörter (Dauerkonsonant an der Silbenfuge)

2. Silbenweises Lesen
Dauerkonsonanten, zwei Konsonanten an der Silbenfuge
Plosiv am Wortanfang, Dauerkonsonant an der Silbenfuge
Plosiv an der Silbenfuge

3. Schnelles Lesen
Häufig vorkommende kurze Wörter
Kurze Wörter
Erweiterung der Blickspanne

In den folgenden Kapiteln beschreibe ich diese drei Leselernstufen und gebe Hinweise auf sinnvolle und weiterführende Übungen.

6.4 Lautsynthese

Im Anfangsunterricht vermitteln wir den Kindern, den Lautwert eines Buchstabens anzuhalten und dann mit dem Lautwert des folgenden Buchstabens zusammenzuschleifen. Für viele Kinder ist dies zunächst recht schwierig. Das Hauptproblem bilden hier die Plosivlaute ([b], [d], [p], [g] usw.) bei denen wir den Klang nicht anhalten können. Der Leselernprozess kann für Kinder deutlich vereinfacht und beschleunigt werden, wenn wir die Leseübungen systematisch aufbauen und den Lesewortschatz am Anfang reduzieren. Hierbei hat sich folgende Übungsfolge bewährt:

1. Schritt: Wörter mit Dauerkonsonanten und Vokalen

Wir nutzen zunächst nur Wörter mit einfachen Laut-Buchstaben-Folgen z. B. Esel, lesen, lila, Lisa, losen, Löwe, malen, Mama, Melone, Möwe, Name, Nase, Ofen, Oma, Rasen, rosa, Rose, Rosine, rufen, Salami, Sofa, Ufer, Wal, Ware.

Für die Übungen benutzen die Kinder einen Lesepfeil – möglichst farbig und transparent. Mit diesem können die Kinder auch immer schon „vorausschauend" lesen. An einfachen Wörtern, die nur aus Dauerkonsonanten und Vokalen bestehen, üben die Kinder den Umgang mit dem Lesepfeil, das Anhalten eines Lautes und das Zusammenschleifen von Lauten.

Einführung in der Klasse

Sie sollten die Arbeit mit dem Lesepfeil am Anfang ganz häufig den Kindern vormachen. Schreiben Sie hierzu einfache Wörter (s. o.) auf eine Folie und legen Sie diese auf den Tageslichtschreiber. Das Wort wird zunächst ganz abgedeckt und dann Buchstabe für Buchstabe mit dem Lesepfeil aufgedeckt. Ein Kind spricht die Laute und die durch Zusammenziehen entstandene Lautfolge. Anschließend wird das Wort noch einmal in normaler Aussprache gesprochen!

2. Schritt: Wörter mit Diphthongen und *ch, sch*

Der Übungswortschatz wird im weiteren Verlauf ergänzt um Wörter mit Diphthongen, z. B. Ameise, Eiche, eilen, Eimer, Eisen, Eule, Fach, faul, fein, Fisch, lachen, laufen, Laune, Laus, Leine, leise, Loch, Maurer, Maus, Meise, neun, raufen, Raum, reich, Reifen, reisen.

Bei diesen Wörtern üben die Kinder, Buchstabenfolgen zusammen zu sehen. Dabei müssen sie den Lesepfeil bei den Diphthongen gleich zwei Buchstaben weiterschieben. Für diese Übung sind Wörterkarten hilfreich, auf denen die Diphthonge enger zusammengerückt sind als die übrigen Buchstaben.

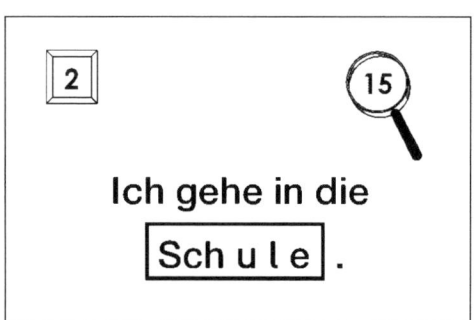

Der Übungswortschatz wird dann um Wörter mit *ch* und *sch* erweitert, wie z. B. Schaf, Schale, Schere, schön, Schule, Seife, Seil, suchen, Wäsche, weich, Woche.

Wie bei den Diphthongen müssen die Kinder auch hier Buchstabenfolgen betrachten und mit dem Lesepfeil in den Blick nehmen.

Die Übungen mit Wörtern, die nur aus Dauerkonsonanten und Vokalen bestehen, sollten so lange fortgeführt werden, bis dem Kind das Zusammenschleifen der Laute gelingt. Wichtig ist, dass die Kinder nach dem „Erlesen" des Wortes immer auch noch einmal das gelesene Wort in normaler Aussprache sprechen. Dies erleichtert es den Kindern, dem gelesenen Wort eine Bedeutung zuzuordnen. Damit wird die Sinnentnahme beim Lesen in den Vordergrund gerückt. Andernfalls kann es passieren, dass sich die Kinder eine inhaltsleere Lesetechnik aneignen.

Literatur und Übungshinweise

Für das wiederholte Üben haben sich Wörterkarten bewährt, die leicht am Computer herzustellen sind. Man kann auch vorgefertigte Karteikarten mit einfachen Lesewörtern, die jeweils in einem Satz eingebunden sind, verwenden, zum Beispiel die Lese-Mal-Kartei und Lese-Satz-Kartei, (www. collishop.de). Zum selbstständigen Erlesen der Wörter können die Kinder hier auf ein Lösungsheft zurückgreifen und so kontrollieren, ob sie das Wort richtig erfasst haben. Eine ausführliche Beschreibung der Übungen zur Lautsynthese finden Sie bei NORBERT SOMMER-STUMPENHORST und MARTINA HÖTZEL (s. S. 163).

Lautgebärden – eine zusätzliche Hilfe bei Leseschwierigkeiten

Die Übertragung der gelesenen Wörter in Lautgebärden und in der Umkehrung das Übertragen eines Handzeichens in einen Laut oder Buchstaben (Fingerlesen) bieten eine gute Unterstützung, um den schrittweisen lautierten Aufbau eines Wortes zu üben.

Die Lautgebärden haben sich in der sonderpädagogischen Leseförderung schon seit vielen Jahren bewährt. Es ist schade, dass diese hilfreiche Methode in der LRS-Förderung der Grundschule bisher kaum angewendet wird. Mit dieser Methode können Sie gleichsam mehrere Fliegen mit einer Klappe schlagen.

Bei den motorisch Auffälligen wird der Motorik ein Sinn gegeben. Das hilft insbesondere den hyperaktiven Kindern, ihr Verhalten zu steuern. Durch die Ausrichtung der motorischen Prozesse agiert das Kind nicht mehr planlos (ist zappelig). Die Motorik bekommt einen Sinn und unterstützt zugleich den Lernprozess (motorisches Lernen). Für Kinder mit Schwierigkeiten in der motorischen Koordination und bei der Automatisierung der Motorik ist das Lernen der Handzeichen zugleich auch eine motorische und Konzentrationsübung. Kinder mit Schwierigkeiten bei der sprachlichen Durchgliederung schließlich werden bei der Lautgebärdensprache „gezwungen", das Wort in seine Einzelteile zu zerlegen und konsequent Sequenz für Sequenz aufzubauen. Insofern erweist sich die Benutzung von Lautgebärden im Anfangsunterricht (ergänzend zum Lese- und Schreiblehrgang) als eine wertvolle zusätzliche Hilfe. Allerdings: Die Lautgebärden sind eine Hilfe und kein Kommunikationsmittel (wie die Gebärdensprache der Taubstummen). Die Lautgebärden sollten als Unterstützung und Hilfe dienen. Es ist daher weder notwendig noch sinnvoll, alle Lautgebärden mit allen Kindern in der Klasse einzuführen. Die Lautgebärden sind umso wirksamer, je mehr sie auf die für Kinder schwierigen Laute und Buchstaben beschränkt werden.

Literatur, Fördermaterialien

Von den vielen Lautgebärdensprachen sagt mir am ehesten die aus dem Kieler Leseaufbau von DUMMER/HACKETHAL zu (alle vollständigen Literaturangaben s. S. 160 ff.). Die verwendeten Gebärden sind fast ausnahmslos

„sinnvoll" und daher für die Kinder (und für Lehrerinnen und Lehrer) leicht zu merken. Sie unterstützen zum Teil die Lautbildung und das Schriftzeichen, sodass hier die Laut-Buchstaben-Zuordnung besonders gut gelingt und den Kindern eine weitere Merkhilfe gegeben wird.

Wer sich für andere Lautgebärdensysteme interessiert, findet die Handzeichen von Kossow, die Gebärden von Koch, die phonemischen Zeichen von Radigk und die Lautgebärden von Bleidick und Kraft übersichtlich und bebildert dargestellt im „Handbuch der Leseübungen" von Leonard Blumenstock.

Auf der Internetseite von Holger Priebs (www.priebs.de/lautgeb.html) kann eine kleine Animation kostenlos heruntergeladen werden. Hier werden Lautgebärden vorgemacht und vorgesprochen.

Die von Rüdiger Urbanek und mir entwickelten Lautgebärden aus der Lese-Schreiblernkiste können Sie im Downloadbereich der Rechtschreibwerkstatt (www.rechtschreib-werkstatt.de/Download) als Wandtafeln kostenlos herunterladen.

6.5   Silbenweises Lesen

In den nächsten Lernschritten üben die Kinder das silbenweise Lesen. Hierfür können aus dem Wortmaterial, das in den ersten beiden Lernschritten verwendet wurde, alle mehrsilbigen Wörter genutzt werden.

3. Schritt: Zweisilbige Wörter mit Dauerkonsonanten und Vokalen.

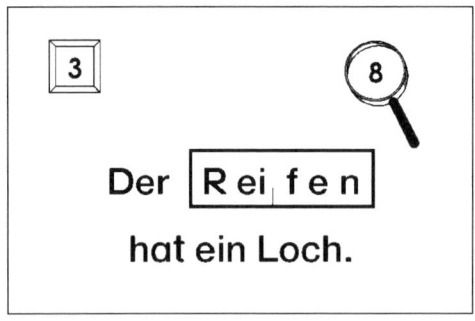

Bei diesen Wörtern sollte die Silbenfuge mit einem kleinen senkrechten Strich versehen werden. So lernen die Kinder, den Lesepfeil silbenweise vorwärtszubewegen und Wörter silbenweise zu lesen.

Der Lesewortschatz wird im weiteren Verlauf ergänzt um Wörter mit zwei Konsonanten an der Silbenfuge. Noch immer besteht der Übungswortschatz aus Wörtern, die aus Dauerkonsonanten und Vokalen gebildet werden. Da die Silbenfuge nun zwischen den beiden Konsonanten ist, bekommen die Kinder zunehmend ein größeres Gespür für die Sprechsilbe und die Silbengliederung von Wörtern.

4. Schritt: Einführung von Plosivlauten

Zunächst werden Wörter mit einem Plosivlaut am Wortanfang, Dauerkonsonanten an der Silbenfuge ausgewählt: z. b. Besen, Beule, Daumen, Dose, Dusche, Hase, Hose, Käfer, Kamel, Käse, Kino, Kuchen, Palme, Pinsel, Pirat, Salat.

Wenn bis hierhin die Lautsynthese und das Silbenlesen von den Kindern beherrscht wird, erweisen sich nun die Plosivlaute nicht mehr als hinderlich für den Prozess des Erlesens, da sie am Wortanfang und später am Silbenanfang stehen..

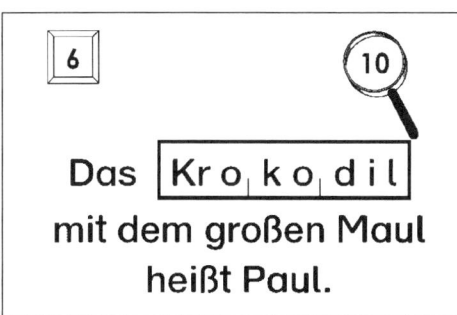

Der Lesewortschatz wird anschließend um Wörter mit dem Plosivlaut an der Silbenfuge ergänzt: z. B. Auto, Ente, Euter, Flöte, Leiter, Mantel, Note, Seite, Spaten, Tüte; Nikolaus, Paket, Rakete, Schaukel; Gabel, Raupe, Scheibe, Taube, Tube; Auge, Bügel, Igel, Nagel, Regal, Säge; Faden, Feder, Nadel, Pudel; Bürste, Kiste.

Sobald die Kinder die Lautwerte von Buchstaben zu einem Wort zusammenschleifen und in Silben lesen können, werden Sie in der Regel von selbst beginnen, einfache Sätze und kleine Texte zu lesen. Auch hier sind wieder Texte mit Silbenmarkierungen am Anfang sehr hilfreich.

• Einfache Sätze, Wortwiederholungen, geringer Wortschatz
• Kleine Texte (Wortwiederholungen, geringer Wortschatz)
• Normale Texte und kleine bebilderte Bücher
• Bücher mit einfach strukturierten Sätzen

Die Gleitzeile – als zusätzliche Hilfe bei Leseschwierigkeiten

Eine sehr gute, wenngleich auch technisch etwas aufwändige Methode bietet die Gleitzeile. Dies ist ein Computerprogramm, bei dem Wörter und ganze Sätze als Fließtext auf dem Bildschirm erscheinen. Die Schrift kann in der Größe verändert und die Geschwindigkeit variiert werden. Das Vorbeifließen des Textes zwingt den Leser zu einer erlesenden (aufbauenden) Lesestrategie. Erst der geübte Leser wird mit hoher Geschwindigkeit Blicksprünge absolvieren und simultan erfassend lesen.

Literatur und Übungshinweise

Wörter und Texte mit Silbengliederung finden Sie in der Lesekartei (www. collishop.de).

Interessante Übungstexte mit kurzen und längeren Geschichten finden Sie in den Übungsbüchern von Gero Tacke (s. S. 163). Die Übungshefte sind nach Jahrgangsstufen differenziert und enthalten altersgerechte Geschichten. Mehrsilbige Wörter sind durchweg mit einer Silbenmarkierung versehen. Dies erleichtert das Lesen mit dem Lesepfeil. Das Silbenlesen führt systematisch auch zu einer Steigerung der Lesegeschwindigkeit. Zu den Übungsheften für Kinder gibt es auch informatives Begleitmaterial für Lehrer und Eltern.

Die „Gleitzeile" wurde vom Institut für biologische Informationsverarbeitung des Forschungszentrums Jülich (Dr. Kriescher) entwickelt und von G. Jansen in ein handhabbares Computerprogramm gebracht. Das Programm kann im Internet bezogen werden: www.gssjansen.de. Leider gibt es dieses Programm nur als Schulversion (was den hohen Preis rechtfertigt) und nicht als Einzelplatzversion für das häusliche Üben.

6.6   Schnelles Lesen – simultane Verarbeitung

Das silbenweise Lesen führt in der Regel dazu, dass die Kinder häufig wiederkehrende Wortteile und kurze Wörter (Funktionswörter) schnell und ganzheitlich erfassen. Eine Verbesserung dieses simultanen Erfassens von Wörtern führt zu einer deutlichen Steigerung der Lesegeschwindigkeit.

Es gibt zwei Grundübungen, wodurch die Lesegeschwindigkeit gesteigert werden kann:
* Blitzlesen
* Schlüsselwörter finden

Blitzlesen

Beim Blitzlesen wird ein Wort nur für den Bruchteil einer Sekunde gezeigt. Die Darbietungszeit muss so gering sein, dass das Auge keine Zeit hat, sich zu bewegen, also in eine erlesende Strategie zu verfallen. Das Wort wird somit simultan erfasst und muss nun „im Gehirn" zerlegt (analysiert) werden. Die Darbietungszeit muss unter 1/50 Sekunde liegen (Schwelle der Augenmuskulatur). Da jede motorische Bewegung langsamer ist, reicht es für eine Blitzleseübung nicht, den Tageslichtschreiber ein- und auszuschalten oder die Tafel auf- und zuzuklappen.

Bereits vor über zwanzig Jahren wurden an der Universität München Tachistoskope (ein Gerät ähnlich einem Diaprojektor, mit dem man extrem kurze Darbietungszeiten erreicht) zur Leseförderung erprobt und erfolgreich eingesetzt. Da diese Geräte recht teuer sind, haben sie sich zur gezielten Leseförderung in den Schulen nicht durchgesetzt.

Vor rund zehn Jahren hat Professor BETZ an der Universität Essen ein Gerät zum Selberbauen entwickelt, mit dem der gleiche Effekt erzielt werden kann. Der „Overhead-Verschluss" ist ein leicht zusammenzubauendes Gerät (aus Holz), mit dem selbst hergestellte Vorlagen (Wörter, Bilder) für den Bruchteil einer Sekunde gezeigt werden können. Das Gerät wird auf einen Tageslichtschreiber gestellt und die vorbereiteten Folien an die Wand projiziert.

Inzwischen liegen auch einige gute Computerprogramme vor, mit denen ebenfalls eine kurzzeitige Darbietung erreicht werden kann.

Wer sich nicht so gern mit technischen Geräten beschäftigt, kann, wenn auch nicht ganz so präzise, die kurzzeitige Darbietung durch eine „Blitzkarte" erreichen. Hier wird eine stabile Karteikarte (z. B. eine laminierte DIN-A7-Karteikarte) so zwischen die Finger gelegt, dass sie leicht zusammengedrückt werden kann. Die Schüler halten die Karteikarte über das zu lesende Wort. Durch kurzes Zusammendrücken der Karteikarte wird das Wort für einen Augenblick sichtbar ...

Bei der Technik des Wortblitzes (Computer, Blitzkarte) beginnt man mit kurzen Wörtern mit drei oder vier Buchstaben. Verwendet werden Wörter aus dem Sprachwortschatz der Kinder. Wenn die Kinder Vier-Buchstaben-Wörter schnell erfassen, erhöht man schrittweise die Anzahl der Buchstaben. Auf diese Weise wird die Blickspanne mit der Zeit immer größer. Erst wenn der Schüler oder die Schülerin bekannte Wörter mit sechs bis acht Buchstaben sicher erfasst, werden ihnen auch weniger bekannte Wörter gezeigt (wieder beginnend mit kurzen Wörtern).

Literatur, Förderprogramme und -materialien

Es gibt nur wenige Übungen und Materialien, die geeignet sind, das simultane Erfassen eines Wortes zu üben. Das Hauptproblem liegt (wie schon beschrieben) darin, dass es ohne Hilfsmittel nicht gelingt, ein Wort nur für so kurze Zeit zu zeigen, dass es nicht mit den Augen verfolgt, also erlesen werden kann. Gerade deshalb wird diese sehr effektive Methode in der Schule so wenig eingesetzt. Wer seinen LRS-Schülerinnen und -Schülern diese Lesemethode nicht vorenthalten will, wird nicht umhinkommen, auf die genannten Hilfsmittel zurückzugreifen.

Die Idee mit der Blitzkarte ist dem Buch von Ernst Ott entnommen (s. die vollständigen Angaben S. 162).

Es gibt inzwischen einige Computerprogramme, die eine kurzfristige Darbietung von Wörtern ermöglichen. Zum häuslichen Üben, aber auch für die Arbeit in der Schule sind jene Programme gut geeignet, die einen aufbauenden Wortschatz zum Üben anbieten.

Wenn Sie in der Klasse über einen Computer (und Beamer) und einige wenige Grundkenntnise zur Erstellung von PowerPoint verfügen, dann können Sie vielfältige Blitzleseübungen in sehr kurzer Zeit erstellen. Hierzu brauchen Sie nur unter Effekt bei „Beenden" die Option „Einmaliges Aufblitzen" einzustellen. Stellen Sie als „Start" die Option „Nach vorherigem Beginnen" und als Zeit „0 Sekunden" ein. Einen kostenlosen Download einer solchen Übung mit lauttreuen Wörtern des Modellwortschatzes finden Sie im Downloadbereich der Rechtschreibwerkstatt (www.rechtschreibwerkstatt.de/Download) in der Rubrik „Training".

Schlüsselwörter finden

Bei der Übung „Schlüsselwörter finden" sollen die Kinder vorgegebene Wörter in möglichst kurzer Zeit aus einem Text herausfinden. Als Vorgaben können häufig vorkommende Funktionswörter, wie beispielsweise *und, aber, der, die, das, auf, an* oder auch Wortteile und Silben (Vorsilben, Endungen, Morphemgruppen) ausgewählt werden.

Besonders ertragreich ist die Übung, wenn sie in Partnerarbeit durchgeführt wird. Hierzu werden zuvor aus dem Text „Aufgabenwörter" herausgesucht. Diese werden auf einer Lösungskarte zusammen mit der Anzahl, wie oft dieses Wort im Text vorkommt, notiert.

Kind A sucht aus der Lösungskarte ein Wort aus und stellt die Aufgabe. Beispiel: Wie oft kommt das Wort „Maus" im Text vor?

Kind B durchsucht den Text nach diesem Wort und markiert das oder die gefundenen Wörter.

Die Aufgabenstellung „Wie oft kommt das Wort ... im Text vor?" bedingt für das Kind A, dass es zunächst auf der Lösungskarte die Anzahl der Wörter feststellt (prüft, liest). Da Kind B nicht weiß, wie oft das Wort vorkommt, wird es den Text bis zum Ende lesen (überfliegen) müssen, um eine sichere Antwort geben zu können.

Wird die richtige Anzahl genannt, wechseln die Partner die Rolle. Es wird ein neuer Text herausgesucht und eine neue Aufgabe gestellt. Zu jedem Text sollte immer nur eine Aufgabe gestellt werden. Beispiel:

Text

LD Abschreibtexte		Nr. 1
1. Markiere alle Stellen, wo du etwas anderes schreibst als du sprichst.	2. Sprich beim Schreiben leise mit. Schreibe lesbar.	3. Lese genau was du geschrieben hast. Korrigiere lesbar.

1 Die Ameisen des Waldes bauen
2 Nester, die fast zwei Meter hoch
3 werden und weit in die Erde
4 reichen. Im Ameisenhaufen
5 leben sie zu Tausenden. Sie
6 sind wichtiger als manche
7 Menschen glauben: Ameisen
8 beseitigen Feinde des Waldes
9 und sind in der Lage, Lasten zu
10 tragen, die schwerer sind als sie
11 selbst.

Wie hoch können die Ameisenhügel werden?

Lösungskarte

Wörter im Text: als, als, Ameisen, Ameisen, Ameisenhaufen, bauen, beseitigen, der, des, des, Die, die, die, die, Erde, fast, Feinde, glauben, hoch, Im, in, in, Lage, Lasten, leben, manche, Menschen, Meter, Nester, reichen, schwerer, selbst, sie, Sie, sie, sind, sind, sind, Tausenden, tragen, und, und, Waldes, Waldes, weit, werden, wichtiger, zu, zu, zwei

Funktionswörter: als (2), der, des (2), die (4), fast, im, in (2), manche, selbst sie (3), sind (3), und (2), zu (2), zwei

Nomen: Ameisen (2), Ameisenhaufen, Erde, Feinde, Lage, Lasten, Menschen, Meter, Nester, Waldes (2)

Verben: bauen, beseitigen, glauben, leben, reichen, tragen, werden

Adjektive: hoch. schwerer, weit, wichtiger

schwierige Fragen: Wie oft kommen Tier-Wörter vor? (Ameisen – 2) Wie oft kommen Artikel vor? (der, des – 2, die – 4)

Später können die Kinder auch mehrere Texte nacheinander bearbeiten, bevor die Rollen getauscht werden.

Wird den Kindern der Auftrag gegeben, vornehmlich kurze Wörter auszuwählen (Funktionswörter wie beispielsweise *da, der, und, wer, ist*) dann wird vor allem das schnelle Erfassen häufig vorkommender Wörter trainiert. Hierdurch verändert sich auch am deutlichsten die Lesegeschwindigkeit in anderen Texten.

Die Aufgabenstellung kann auch erweitert werden:

- Gleichzeitiges Heraussuchen verschiedener Wörter: Wie oft kommen die Wörter *Auto* und *Hase* im Text vor?
- Schnelles Heraussuchen bedeutungsähnlicher Wörter: Wie oft kommen Namen vor? (Fahrzeuge, Verben, die eine Bewegung ausdrücken, Zeitangaben usw.)

Solche Aufgabenstellungen sind sehr anspruchsvoll und gehen über das visuelle Herausfinden einzelner Wörter weit hinaus. Sie trainieren vor allem schnelles Lesen und gleichzeitig schnelle Sinnerfassung.

Literaturhinweis und Übungsmaterialien

Eine Beschreibung dieser Übungsform finden Sie in meinem Artikel, Schlüsselwörter finden', Collishop, Beckum 2004. Zu den Abschreibtexten der Rechtschreibwerkstatt gibt es vorgefertigte Lösungskarten. Diese enthalten „Suchwörter" und eine Angabe, wie oft das Wort im Text vorkommt.

6.7 Bücher lesen und Lesemotivation erhalten

Stilles oder lautes Lesen?

Wenn Kinder anfangen, kleine Texte zu lesen, dann gehen viele von selbst dazu über, leise oder still zu lesen. Es ist wichtig, dieses stille Lesen zuzulassen und von den Kindern nicht zu erwarten, dass sie einen unbekannten Text laut vorlesen. Das laute Vorlesen (vortragen) ist noch einmal eine ganz andere Schwierigkeit.

Manche Lehrerinnen und Eltern befürchten, dass sie beim stillen Lesen nicht mitbekommen, was das Kind liest und ob es den Text verstanden hat. Um die Aufmerksamkeit des Kindes auf das Erfassen des Inhaltes auszurichten ist es sinnvoll, Inhaltsfragen zum gelesenen Text beantworten zu lassen. Auf diese Weise kann die Lehrerin (und das Kind) leicht feststellen, ob der Inhalt des gelesenen Textes verstanden wurde.

Kinder, die Schwierigkeiten beim Lesen haben, sollte man auf keinen Fall einen Text direkt laut vorlesen lassen. Es ist für diese Kinder oft sehr demotivierend, sich selbst laut lesen zu hören, gerade weil ihr Lesen nicht so flüssig ist wie das anderer Kinder. Lassen Sie daher Kinder immer zunächst den Text still für sich lesen (auch zwei- oder dreimal), bevor diese den Text in der Klasse laut vorlesen.

▓ Erst still lesen, dann laut (für sich) lesen, dann laut vorlesen (vortragen).

Zum Lesen gehört Lesegemütlichkeit

In vielen Grundschulen ist die Leseecke inzwischen fester Bestandteil des Klassenraumes. Das alte Sofa, der Schaukelstuhl oder Sitzkissen und Teppich schaffen die notwendige Lesegemütlichkeit. Aber warum gibt es das nur in Grundschulen? Lesegemütlichkeit hört nicht mit dem 10. Lebensjahr auf. Im Gegenteil: Für die Null-Bock-auf-Lesen-Hauptschüler ist diese Lesegemütlichkeit wichtiger denn je.

Lesen lernt man erst in zweiter Linie durch Lesen. Leseerfahrung ist als allererstes spannende Vorleseerfahrung. Nutzen Sie in der Grundschule die Frühstückspause oder die letzte Viertelstunde des Schultages, an dem ohnehin die meisten mit ihren Gedanken schon zu Hause sind und lesen Sie den Kindern aus einem interessanten Buch vor. Vorlesen ist aber nicht nur etwas für die Grundschule! Gerade bei älteren Schülern (4. bis 7. Klasse), bei denen die Lust aufs Lesen verloren gegangen ist, sollte das Vorlesen spannender Bücher am Anfang stehen.

Wirksam und interessant ist es, vorgelesen zu bekommen, nicht selbst vorlesen zu müssen. Das spannende Vorlesen einer Geschichte ist die höchste Form des Lesens und gehört als Anforderung nicht in den LRS-Förderkurs. Wenn Sie die Kinder etwas vorlesen lassen, wirkt dies als Überprüfung. Das aber macht nicht Lust aufs Lesen, sondern schreckt ab!

Vorlese- und Lesebücher

Die nächste Frage ist: Welche Bücher sollen (können) vorgelesen werden? Hier gilt: Lassen Sie die Kinder selbst entscheiden. Erfahrungsgemäß kennen LRS-Schüler allerdings nur wenige gute spannende Bücher. Sie sollten daher nicht alle Vorschläge unkritisch übernehmen. Gehen Sie in einer der ersten Stunden des LRS-Förderkurses mit der Gruppe in die Bücherei; lassen Sie sich dort Vorlesebücher von der Bibliothekarin empfehlen.

Nehmen Sie Themen, die zum Alter passen: Großwerden, von zu Hause weglaufen, benachteiligt sein, Sexualität, erste Liebe, Abenteuer usw. Hilfreiche Zusammenstellungen guter Bücher veröffentlicht regelmäßig die „Stiftung Lesen". Schreiben Sie gemeinsam mit den Schülerinnen und Schülern einen Brief an die „Stiftung Lesen" und lassen sie sich Buchempfehlungen und Buchbesprechungen schicken.

Ermutigen Sie zur Mitarbeit an der Schülerzeitung. Hier können Sie z. B. selber kleine „Buchbesprechungen" veröffentlichen. Solche Buchbesprechungen (für die Schülerzeitung, die öffentliche Bücherei, ein Buchempfehlungsbuch der Klasse usw.) sind für viele Kinder und Jugendliche ein besonderer Anreiz, ein Buch „mit Verstand" zu lesen.

Häufig sind LRS-Schülerinnen und -Schüler an sachkundlichen und naturwissenschaftlichen Themen besonders interessiert. Greifen Sie die Hobbys und Interessen der Kinder auf. Besorgen Sie sich gemeinsam in der Bücherei sachkundliche Bücher und lesen oder besprechen Sie diese im LRS-Förderunterricht.

Eine besondere Möglichkeit zum Vorlesen, die Sie niemals verstreichen lassen sollten, bieten Schullandheimaufenthalte. Wenn sie hier ein spannendes Buch mitnehmen, das dem Alter der Kinder entspricht, können Sie dem verwöhnten Fernsehauge eine neue Fantasiewelt eröffnen. Ich habe im Schullandheim schon manchen langen Abend bei Kerzenlicht und Räucherstäbchen vorgelesen und viele „wilde Piraten" haben still zugehört.

Es gibt unendlich viele gute Vorlesebücher für das Grundschulalter. Die Lieblingsautoren der Kinder waren in meinen Gruppen GUDRUN PAUSEWANG (z. B. „Räuber Grapsch"), PAUL MAAR („Die Geschichten vom Sams"), KLAUS KORDON (z. B. „Die Reise zu den Wunderinseln") und IRINA KORSCHUNOW (z. B. „Die Geschichten von den Wawuschels").

Zum Thema „Erste Liebe" habe ich Kindern im Alter von 12 bis 15 am liebsten „Adam und Lisa" von MYRON LEVOY und „Wie eine Hecke voll Himbeeren" von GUNNEL LINDE vorgelesen. Mädchen von 10 bis 13 gefiel „Die schwarze Stadt" von TAMARA PIERCE besonders gut. Endlich eine spannende Abenteuer- und Rittergeschichte, in der ein Mädchen die Hauptrolle spielt. Zur abendlichen Vorlesestimmung passt auch ASTRID LINDGRENS „Ronja Räubertochter" (Thema: Erwachsen werden). Im Schullandheim und bei mehrtägigen Klassenfahrten können Sie selbst hartnäckigen Nichtlesern wieder Spaß am Lesen vermitteln. Voraussetzung ist allerdings, dass Ihnen selbst Lesen und Vorlesen Spaß macht.

Und noch ein Tipp für die Großmütter (nicht für die Mütter, das durchschauen Kinder sofort!): Schenken Sie dem Enkelkind zum Geburtstag ein

Jahresabonnement für eine Kinder- oder Jugendzeitschrift. Informationen hierüber bekommen Sie bei der „Stiftung Lesen". Aber auch hier gilt: Fragen Sie das Kind, was es gerne lesen möchte. Es ist besser, die jugendlichen Schülerinnen und Schüler lesen „Bravo-Girl" oder „Bravo-Sport" als dass wohlmeinende Eltern und Großeltern „pädagogisch wertvolle" Zeitungen bestellen, die anschließend nicht gelesen werden.

Anschriften für Buchempfehlungen

Preisgekrönte Bücher und Empfehlungslisten zu unterschiedlichen Themen erhalten Sie bei der „Stiftung Lesen", Fischtorplatz 23, 55116 Mainz oder im Internet: www.stiftunglesen.de

Bücher für junge Leute: Buchempfehlungsliste zum Thema Liebe – Sexualität – Partnerschaft; kostenlos zu beziehen durch: Arbeitskreis für Jugendliteratur, Schlörstraße 10, 80634 München, oder im Internet: www.jugendliteratur.org

Das Institut für angewandte Kindermedienforschung (IFAG) bietet im Internet umfangreiche Besprechungen von Kinderbüchern, Kinder- und Jugend-Zeitschriften, Hörbüchern, Software und Filmen. Ein Besuch auf dieser Internetseite (www.ifak-kindermedien.de) lohnt sich.

Eine sehr praktische Suchmaschine für Kinderbücher finden Sie im Internet unter www.leseland.de. Hier können Bücher nach Themen, Alter, Klassenstufe, Preis und verfügbaren Unterrichtsmaterialien gesucht und soriert werden. Zu jedem Buch gibt es eine Kurzbeschreibung und zu vielen Büchern auch ein Probekapitel zum Herunterladen. Literaturlisten und auch Lektüreempfehlungen für alle Klassen (Grundschule und Sekundarstufe) finden Sie auch auf der Internetseite www.leseforum.bayern.de. Eine gute Suchmaschine ermöglicht es, sehr differenzierte Bücherlisten zu erstellen.

Viele interessante Buchtipps finden Sie auch auf der Internetseite www.lesen-in-deutschland.de, einer Initiative von Bund und Ländern zur außerschulischen Leseförderung. Die Lesetipps und die Materialseite bieten für Lehrerinnen und Lehrer eine Fülle an Informationen, Literatur und Internetverweisen rund um das Lesen. Über die Rubrik „Lesekultur in den Ländern" erhalten Sie einen sehr guten Überblick über aktuelle Leseprojekte, die in Ihrem Bundesland und in der Nähe Ihrer Schule stattfinden.

Lesemotivation aufbauen

Die Lesemotivation aufzubauen und vor allem aufrechtzuerhalten ist gerade bei Jungen und in der Sekundarstufe nicht einfach. Greifen Sie im Deutschunterricht die Buch- und Leseinteressen der Kinder und Jugendlichen auf. Lassen Sie diese mitentscheiden, welche Texte und Gedichte gelesen und interpretiert werden sollen.

Motivierend sind auch Lesetagebücher, Protokollhefte, in denen Kinder Autor, Titel und eine Kurzbeschreibung des gelesenen Buches eintragen. Geben Sie den Kindern Gelegenheit, ihre gelesenen Bücher in der Klasse vorzustellen und hieraus vorzulesen. Lassen Sie hier alles an Büchern zu, was die Kinder einbringen. Gerade für Jungen sind oft Sachbücher interessanter als „Kinderbücher".

Beziehen Sie auch das Internet mit ein. Wenn sich Kinder beispielsweise in Werkstätten und im Sachunterricht selbst Informationen aus dem Internet heraussuchen, müssen sie auch viel lesen, um die richtigen Informationen auswählen zu können. Auch das ist Leseförderung.

Besonders motivierend für Kinder ist Antolin, ein Internetangebot vom Bildungshaus (mehrere Schulbuchverlage). Antolin (www.antolin.de) bietet Kindern die Möglichkeit online ein Lesetagebuch zu führen. Lehrerinnen können hier für ihre Klasse eine Datenbank anlegen. Für die Schülerinnen und Schüler der Klasse werden „Konten" angelegt. Auf diesen Konten können die Kinder selbst die gelesenen Bücher eintragen. Zu den Büchern werden Multiple-Choice-Fragen gestellt. Für jede richtige Antwort erhalten die Kinder Punkte, die auf einem persönlichen Punktekonto immer weiter fortgeschrieben werden. So können die Kinder nachweisen, dass sie das Buch gelesen und verstanden haben. Besonders interessant ist für Lehrer die Möglichkeit, sich Bücherlisten zu Themen oder Klassenstufen erstellen zu lassen. Die Listen enthalten auch Angaben dazu, wie oft das Buch bisher von Kindern eingetragen (gelesen) wurde. So erhält man als Lehrerin einen guten Einblick in die aktuellen Leseinteressen der Kinder und damit wichtige Hinweise für die Buchanschaffungen zur Klassen- oder Schulbücherei.

Mit einer nicht ganz so umfangreichen Literaturdatenbank dafür aber kostenlos ist das Internetangebot Lesepirat (www.lesepirat.de). Auch diese Internetseite ist in einen Lehrer- und einen Schülerbereich unterteilt. Zu den Büchern gibt es Inhaltsfragen, die von den Kindern beantwortet werden müssen.

Einen großen Leseanreiz für Kinder bieten auch Leseprojekte, Autorenlesungen, Lesenächte usw. Auf den o.g. Internetseiten finden Sie hierzu viele Anregungen und Angebote.

7 Rechtschreibübungen

Für die Rechtschreibübungen ist wichtig: Erst wenn die Lernvoraussetzungen gegeben sind, kann auch ertragreich an den Rechtschreiblücken gearbeitet werden. Mit Kindern, die demotiviert und misserfolgsorientiert sind, Rechtschreibübungen durchzuführen ist für Lehrer wie Schüler eine Qual. Schützen Sie sich selbst vor Misserfolgen im LRS-Förderkurs, indem Sie zunächst die Motivation aufbauen und dann erst üben.

> In der Förderung der Lernvoraussetzungen und der Motivation liegt das Kernstück der pädagogischen Arbeit und nicht in der Durchführung eines Rechtschreibtrainings.

Andererseits: Durch Motivation und Entspannungstraining lernt kein Kind, ob *Mutter* mit einem oder mit zwei *t* geschrieben wird. In diesem Kapitel beschreibe ich die grundlegenden Rechtschreiblernmethoden und Übungen, die sich in meiner Arbeit mit LRS-Schülerinnen und -Schülern bewährt haben. Zunächst gehe ich jedoch darauf ein, wie wir die Förderbereiche, in denen ein Kind üben soll, festlegen können.

7.1 Förderbereiche

Um ein Kind gezielt fördern zu können ist es notwendig zu wissen, über welche Rechtschreibkompetenzen das Kind verfügt und an welchen Stellen es Schwierigkeiten hat.

Häufig prüfen wir in der Schule die Rechtschreibkompetenz der Kinder durch ein Diktat. Dabei stellen wir bei einigen Kindern fest, dass sie überdurchschnittlich viele Wörter falsch schreiben. Schön und gut. Damit wissen wir, dass dieses Kind Schwierigkeiten hat und Hilfe braucht. Für die Planung der Förderung hilft diese Feststellung jedoch nicht weiter. Gleiches gilt auch für die Durchführung eines standardisierten Testverfahrens. Wenn hier nur die Fehler gezählt werden, weiß ich anschließend nur das Ausmaß der Schwierigkeit.

Für die Planung von Fördermaßnahmen ist es unerlässlich, die Qualität der Verschreibungen in den Blick zu nehmen. Die Kernfrage ist hier:
Welche Verschreibungen kommen bei diesem Kind vor und welche Kompetenz braucht das Kind, um diese Verschreibungen nicht mehr zu machen?

Qualitative Fehleranalyse in Testverfahren

Es gibt inzwischen einige Rechtschreibtests, die auch eine qualitative Analyse der Fehler anbieten. Die beiden bekanntesten Verfahren sind der *Diagnostische Rechtschreibtest* (DRT) und die *Hamburger Schreibprobe* (HSP). Beide Verfahren gibt es für die Klassenstufen 1 bis 6.

Im Diagnostischen Rechtschreibtest (DRT 2 und DRT 3) wird im Wesentlichen zwischen Verschreibungen auf der Lautebene (Wortdurchgliederung, Trennschärfe), Merk- oder Speicherfehlern und Regelfehlern (Groß-/Kleinschreibung, Auslautverhärtung, Umlautschreibung, Konsonantenverdopplung) unterschieden. Im Diagnostischen Rechtschreibtest CDRT 4 und DRT 5) werden diese Bereiche weiter aufgeschlüsselt. (Literaturangaben s. S. 165 f.).

In der Hamburger Schreibprobe werden die Fehler in vier Gruppen erfasst: Graphemtreffer (richtige Laut-Buchstaben-Zuordnungen), die Anwendung von Rechtschreibstrategien (alphabetische, orthografische, morphematische und wortübergreifende Strategien), überflüssige orthografische Elemente und Oberzeichenfehler.

Beide Verfahren wurden für die Klassenstufen 1 bis 6 standardisiert. Der Vorteil bei der Durchführung eines standardisierten Verfahrens besteht darin, dass Sie als Lehrerin einen Blick für das Leistungsniveau einer Klasse in Bezug auf den bundesdeutschen Durchschnitt bekommen. Dies ist vor allem dann hilfreich, wenn die Schülerinnen und Schüler ihrer Klasse aus einem besonderen einseitig ausgeprägten Umfeld (z. B. sozialer Brennpunkt oder gehobene Mittelklasse) stammen. Die Durchführung standardisierter Verfahren kann helfen, den Blick für die Effizienz des eigenen Unterrichts bzw. der durchgeführten Fördermaßnahme zu schärfen.

Die Nachteile standardisierter Verfahren liegen zum einen darin, dass wir hier nicht die eigenen Schriftproduktionen der Kinder erfassen – und das richtige Schreiben der eigenen Texte ist ja letztendlich das Ziel unserer Förderung. Zum anderen können diese Verfahren nicht beliebig wiederholt werden. Wir können die Schülerleistung hiermit höchstens zweimal im Jahr erfassen. Die standardisierten Verfahren eignen sich daher nicht für die Beobachtung und Veränderung des Förderplans. Diese Nachteile können durch ein qualitatives Analyseschema aufgefangen werden.

Qualitative Analyseschemata

Während quantitative Verfahren prüfen, ob ein Kind Schwierigkeiten hat, geht es bei der qualitativen Fehleranalyse um die Frage, in welchem Lernbereich die Schwierigkeiten liegen. Der Vorteil eines qualitativen Analyseschemas besteht darin, dass die Verschreibungen der Kinder in jedem beliebigen Text nach einem vorgegebenen Schema qualitativ erfasst und bewertet werden können. Der Nachteil ist, dass sie keinen Vergleich zur Gesamtgruppe aller Kinder einer Klassenstufe (bundesdeutscher Durchschnitt) ermöglichen.

Ein sehr differenziertes Analyseschema mit 37 Fehlerschwerpunkten wurde von THOMÉ und THOMÉ entwickelt (OLFA, Oldenburger Fehleranalyse; s. S. 166). Die Analyse bezieht sich auf die drei Kompetenzstufen des Schriftspracherwerbs (voralphabetische, alphabetische und orthographische Phase), wie sie auch von PETER MAY in der Hamburger Schreibprobe verwendet wird. Auch die Aachener Förderdiagnostische Rechtschreibfehler-Analyse (AFRA) von HERNÉ und NAUMANN ist ein Analyseschema, das auf alle Texte der Kinder angewendet werden kann. Dieses Analyseschema liegt auch der qualitativen Analyse im DRT 4 und DRT 5 zu Grunde.

Bereits 1984 habe ich aus den Verschreibungen der Kinder Kategorien für die qualitative Analyse der Verschreibungen entwickelt. Die Kernfrage, die ich mir bei jeder Verschreibung stelle, ist: Was hätte das Kind wissen/können müssen, um diese Verschreibung nicht zu machen (s. die Übersicht S. 174). Die einzelnen Bereiche der qualitativen Analyse sind dabei auf die Lernbereiche bezogen. Insgesamt unterscheide ich drei Lernebenen und zehn Lernbereiche:

Lautebene: Schreib, wie du sprichst – aber sprich deutlich und hochdeutsch.

Lernbereich LB – Laut-Buchstaben-Zuordnung: Die Kinder sollen lernen, dass die geschriebene Sprache von der gesprochenen Sprache abgeleitet ist. Dabei gibt es keine Eins-zu-eins-Zuordnung wie bei einer Lautschrift. Vielmehr ist unsere Rechtschreibung auf der Lautebene von der deutschen Hochsprache abgeleitet und entspricht damit nicht der Sprache der Kinder.

Lernbereich LD – sprachliche Durchgliederung: Die gesprochene Lautfolge wird in der Regel durch eine passende Buchstabenfolge abgebildet. In der Alltagssprache lassen wir gelegentlich geschriebene Laute weg. Diese können wir jedoch bei überdeutlicher Aussprache hörbar machen (z. B. das

Silben trennende *h* wie in *gehen, stehen* oder das vokalische *r* wie in *werfen, Wort, Zwerg*).
Lernbereich LV – regelhafte Kennzeichnung der lang oder kurz gesprochenen Vokale: In der Regel wird der Langvokal (mit Ausnahme des [i] = *ie*) nicht gekennzeichnet. Dem kurz gesprochenen Vokal hingegen folgen in der Regel mindestens zwei Konsonanten. Folgt auf einen kurz gesprochenen Vokal im Wortstamm nur ein einzelner Konsonantenbuchstabe, so wird dieser verdoppelt. Für *zz* schreiben wir *tz* und für *kk* schreiben wir in deutschen Wörtern *ck*. Die Kennzeichnung des Langvokals durch ein Dehnungs-*h* oder Doppelvokal wird als Ausnahmeschreibung (Lernbereich AF) behandelt.

Wortebene: Erhalte die Schreibung des Wortstammes über alle Ableitungen und Umformungen hinweg.

Lernbereich WU – Wörter ableiten und umformen: Stammschreibung bei Auslautverhärtung und Umlautung
Lernbereich WZ – Wörter zusammensetzen und zerlegen: Besonderheiten bei der Wortbildung, einschließlich der Vorsilben und Endungen
Lernbereich WA – Groß-, Kleinschreibung: Wortbezogene Großschreibung der Nomen und Kleinschreibung der Adjektive und Verben

Kontextebene: Schreibe so, dass der Leser dich möglichst schnell versteht.

Lernbereich SZ – Satzzeichen: Satzanfang mit Großbuchstaben, Satzschlusszeichen, Kennzeichnung der wörtlichen Rede und von Aufzählungen, Untergliederung und Kennzeichnung von Satzteilen.
Lernbereich SA – Satzaufbau: Einhaltung der Syntax und des Satzaufbaus (hierzu Verschreibungen z.B. bei *ein/eine, ihm/ihn/ihr, im/in* usw.)
Lernbereich SW – satzabhängige Schreibung von Wörtern: kontextbezogene Schreibungen (z.B. *wieder/wider, dass/das*), gleich klingende Wörter (Homonyme), wie z.B. Seite/Saite, *Weise/Waise*.

Ebene der Ausnahmeschreibungen und der Fremdwörter

Lernbereich AF1 – Ausnahmeschreibungen: z.B. v, ai, dt, i (statt ie), Doppelvokal, Dehnungs-*h*
Lernbereich AF2 – Fremdwortschreibungen.

Auf S. 168 ff. finden Sie eine Übersicht über die Lernbereiche, die Zuordnung der Verschreibungen und Hinweise zur Förderung. Auf S. 173 ist ein Beispieltext abgedruckt, in dem die Verschreibungen den verschiedenen Lernbereichen zugeordnet sind.

Eine ausführliche Darstellung der qualitativen Analyse der Verschreibungen und der Lernbereiche finden Sie in meinem Buch (s. S. 163). Rechtschreiben lernen mit Modellwörtern oder im Internet unter www.rechtschreibwerkstatt.de.

> Entscheidend ist nicht, welches Analyseschema Sie verwenden und ob Sie sich für eine qualitative Textanalyse oder ein standardisiertes Verfahren entscheiden. Wichtig ist allein, ob Sie aus der Erfassung der Rechtschreibkompetenz der Schülerin oder des Schülers konkrete und hilfreiche Fördermaßnahmen, Methoden und Übungen ableiten und den Verlauf sowie die Effizienz der Förderung überprüfen können.

7.2 Die beste Methode ist gerade gut genug

Das dreifache Dilemma

Treten Schwierigkeiten beim Erlernen des Lesens und Rechtschreibens auf, stecken diese Kinder in einem vielfachen Dilemma. Sie müssen wesentlich mehr leisten als die anderen Kinder in der Klasse.

1. Sie müssen dem Unterricht folgen. Das ist für sie viel schwieriger, da sie zum Teil erhebliche Lücken haben. In der Schule baut aber eines auf dem anderen auf.
2. Darüber hinaus sollen sie auch noch die Lücken aufarbeiten. Das ist eine zusätzliche Arbeit, die wir von ihnen verlangen und die bei Kindern im 4. oder 5. Schuljahr oftmals unüberschaubar geworden ist.
3. Das alles erwarten wir in einem Bereich, in dem die Kinder bisher viele Misserfolge einstecken mussten, der ihnen also bisher nur wenig Erfolgserlebnisse eingebracht hat. Sie werden widerwillig und ohne Lernfreude an diese Arbeit herangehen, was den Lernprozess zusätzlich erschwert und wenig ertragreich macht.

Wenn LRS-Schüler ihre oft enormen Lücken aufarbeiten sollen, kann das nur gelingen, wenn Sie mit effizienten Methoden arbeiten und wenig hilfreiche Methoden oder überflüssige Spielereien weglassen. Viele Methoden, die wir im Unterricht einsetzen, sind zwar recht schön und Kinder machen das auch gern (wie z. B. Wörterschlangen, Kreuzworträtsel, Geheimschriften,

Buchstabensuchspiele), für die besondere LRS-Förderung sind sie jedoch nicht ertragreich genug.

Letztlich müssen sich beide, Lehrerin und Schüler, der Knochenarbeit des Übens stellen. Die Lücken sind nicht durch Spiele abzubauen. Das heißt nicht, dass die Übungen und die LRS-Förderung keinen Spaß machen sollen – im Gegenteil. Spaß ist jedoch kein Selbstzweck. Spaß macht es auch, erfolgreich zu sein, erfolgreich die Lücken abzubauen. Es ist in erster Linie der Erfolg, der die Schülerinnen und Schüler zur Weiterarbeit motiviert.

Schielen Sie in der LRS-Förderung also nicht nach witzigen Lernspielen. Konzentrieren Sie Ihre Kraft auf die Auswahl effizienter Lese- und Rechtschreiblernmethoden.

Nun gibt es jedoch durchaus auch Lernspiele, die sinnvoll sind, lernen Kinder viele Dinge auch spielerisch. Der wesentliche Unterschied zwischen ertragreichen und überflüssigen Lernspielen liegt in der Zielsetzung. Wenn das Spielziel mit dem Lernziel identisch ist und zudem der Weg zur Erreichung des Ziels eine sinnvolle Lernmethode darstellt, ist gegen das Spiel nicht viel einzuwenden. Doch das ist bei Lernspielen selten der Fall. In aller Regel wird ein Zusatzziel eingebaut (z. B. mit der Spielfigur als Erster durchs Ziel gehen, möglichst viele Wörter/Punkte sammeln). Damit wird die Aufmerksamkeit der Kinder auf dieses Spielziel gelenkt. Ganz nebenbei sollen die Kinder dann richtig schreiben lernen. Aber gerade dadurch, dass die Aufmerksamkeit vom Lernziel abgelenkt wird, ist der Lernertrag sehr gering. Zum effizienten Lernen gehört zwingend, dass die Aufmerksamkeit auf das Lernziel ausgerichtet wird. Ganz nebenbei lernen LRS-Schüler kein Lesen und Rechtschreiben!

Durchaus hilfreich ist es demgegenüber, wenn sie die Vermittlung der Lernmethode in eine kindgemäße (Bilder)Sprache bringen.

Beispiel:
Sie wollen das Lautieren üben. Dabei gehen Sie von ganzen Wörtern aus und lassen die Schülerin oder den Schüler das Wort immer weiter gedehnt sprechen, bis Einzellaute herauskommen. Einführungen: „Ihr habt doch sicherlich einen CD-Player/Kassettenrekorder zu Hause. Habt Ihr schon mal gehört, wie es sich anhört, wenn man den Plattenspieler ganz langsam einstellt?" oder „Sprecht einmal so, als ob ihr gerade einschlafen würdet." usw.

LRS-Fördermaterialien kritisch betrachten

Wenn Sie sich in Ihrer LRS-Förderung an einem „fertigen" LRS-Förderprogramm orientieren, müssen Sie damit rechnen, dass

1. selbst in den speziell für „Legastheniker" und LRS-Schüler herausgegebenen Fördermaterialien unsinnige und schädliche Übungen angeboten werden und
2. nach meiner Erfahrung im Durchschnitt zwei Drittel aller Übungen zwar schön, aber nur von geringem Ertrag sind.

Bevor Sie LRS-Fördermaterialien übernehmen, sollten Sie sich mit denjenigen Übungen vertraut machen, die schädlich, unsinnig oder wenig ertragreich sind. Diese sollten Sie dann aus den Materialien und Übungsprogrammen entfernen.

Schädliche Übungen

Schädliche Übungen sind (nicht nur für LRS-Schülerinnen und -Schüler):
1. Gegenüberstellungen von ähnlich oder gleich klingenden Lauten und ähnlich aussehenden Buchstaben, z. B.:
   - tt-t, g-k, d-t, a-ä-e, z-tz usw. (Beispiel: tt oder t? Bu.er, Va.er …)
   - Wörter mit und ohne Dehnungskennzeichnung (mit oder ohne „h"? Bro?t, Ko?le, …)
2. Darbietung von Falschschreibungen, z. B.:
   - Übungen, in denen Schüler Fehler suchen sollen (Gans, Appel, Broht, Fahrrat); Solche Übungen machen nur als Übungen zur Textkorrektur Sinn; Voraussetzung ist hierbei, dass die Kinder die Schreibung der Wörter beherrschen.
   - Übungen, in denen ein Wort in mehreren (Falsch)Schreibungen zur Auswahl angeboten wird (Wie schreibt man richtig? Schuule, Schuhle, Schule)
3. Darbietung nicht richtig gegliederter Wörter, z. B.:
   - Rückwärtsschriften (nelhartsnennoS)
   - Purzelwörter (neiples, lüreSch)
   - Silbensalat (denderwiefin)
   - Schachtelwörter (HausgehenKohleApfel)
   - Wörterschlangen (Heuteistesprimaumbadenzugehen)
4. Buchstabenauslassungen und -ergänzungen, wobei vom Kind nur die einzelnen Buchstaben einzutragen sind, z. B.:
   - Buchstaben im Wort (W-gen, f-ren, Gr-ser, …)
   - Buchstaben im Satz (Wir g-en h-te ins Sch-mmb-d …)
   - Buchstabenfolgen (Wir feiern ein Fe- …)

Diese Übungen mögen Schülern gelingen, sie gehören jedoch nicht in eine LRS-Förderung. Schülerinnen und Schüler, die in ihrer Rechtschreibung nicht sicher sind, werden durch diese Übungen weiter verunsichert. Die o. g. Aufgaben helfen in keiner Weise, die Rechtschreibsicherheit zu fördern.

Schöne, aber wenig effektive Übungen

In vielen Fördermaterialien wird das Hauptgewicht auf schöne und bunte Bilder gelegt. Der Fantasie der Autoren sind hier keine Grenzen gesetzt. Vor Jahren habe ich verschiedene Übungsformen aus LRS-Trainingsmaterialien gesammelt. Von rund 500 verschiedenen Übungsformen waren rund 150 unsinnig und weitere 250 schön, aber ohne großen Lerneffekt. Die Fördermaterialien wimmeln von „schönen" Übungen, die grafisch gut aufbereitet sind. Hinter diesen Übungen steckt der (irrige) Glaube, dass die „schöne Verpackung" die Schülerinnen und Schüler zum Üben motiviert. Lassen Sie sich nicht von dieser Fehleinschätzung verführen. Überspitzt formuliert:

Bei massiven Rechtschreibschwierigkeiten motiviert allein der Erfolg.

Die meisten „schönen" Aufgaben in Förderprogrammen können nur richtig gelöst werden, wenn die Schüler die richtige Schreibweise bereits beherrschen. Dann sind sie aber erst recht überflüssig. Zu den „schönen" Übungen ohne großen Lerneffekt gehören unter anderem:

1. Rätsel und Übungsbilder

    Wenn die Lösung nicht vorgegeben ist, muss das Kind die Schreibung kennen, um das Rätsel lösen zu können. In diesem Fall ist die Übung zum Lernen der richtigen Schreibung bei Rechtschreibschwierigkeiten unsinnig.

    Wird die richtige Schreibung der Lösung vorgegeben (Durchstreichrätsel), ist jede Abschreibübung ertragreicher (weniger Zeitaufwand). Bei der Abschreibübung ist zudem der Sinn der Übung für jedes Kind eindeutig: Wort lesen, auf Besonderheiten achten, Wort schreiben. Beim Rätsel hingegen wird ein anderes Ziel vorgegeben: Du sollst ein Rätsel lösen – in Wirklichkeit geht es aber darum, ein Wort zu schreiben. Nach diesem Strickmuster sind viele Rechtschreibübungen aufgebaut. Sie lenken vom „Eigentlichen" ab und richten die Aufmerksamkeit des Kindes nicht auf das Schreiben und die Rechtschreibung.

2. Schriftliches Auf- und Abbauen von Wörtern

    Als Sprachübung ist das Aufbauen von Wörtern sinnvoll und hilfreich. Als Schreibübung macht diese Übung keinen Sinn. Schauen Sie einmal genau hin, wie rechtschreibschwache Schülerinnen und Schüler diese Aufgabe lösen. Die meisten übertragen Buchstaben für Buchstaben – fertig aus. Wo ist hier der Lerneffekt?

3. Einsetzübungen, bei denen nicht das ganze Wort geschrieben wird, z. B.:

Buchstaben (Die folgenden Wörter schreibt man mit *b*. Setze ein: .rief, A.end, Sta.); hier lernen die Kinder den Buchstaben *b* zu schreiben. Das wars.

Buchstabenfolgen (Setze die Buchstabenfolge *all* ein: f...en, B...en, schn...en ...); hier lernen Kinder die Buchstabenfolge *all* zu schreiben, mehr nicht.

4. Buchstaben und Wörter in der Luft „nachspuren" oder mit dem Finger auf den Rücken des Partners schreiben.

Jede Übung ist nur sinnvoll, wenn das Kind eine Rückmeldung darüber erhält, ob es die Übung richtig gemacht hat. Wenn Buchstaben in die Luft gemalt werden, ist eine treffende Rückmeldung gar nicht möglich. Sinnvoll ist es, vorgegebene Buchstaben (Wörter) mit dem Buntstift nachzufahren (nicht auszumalen). Hier sieht das Kind sofort die Abweichung von der Vorlage und kann daraus lernen.

5. Geheimschriften

Auch die viel geliebten Geheim- und Geisterschriften gehören zur Kategorie der wenig ertragreichen Rechtschreibübungen. Wenn Zahlen oder unsinnige Zeichen in Buchstaben übertragen werden sollen, dann ist dies ein lustiges Spiel zur Unterhaltung. Der Trainingseffekt für LRS-Schülerinnen und -Schüler ist – wenn überhaupt – genauso groß wie bei einmaligem Abschreiben des Wortes.

Sinnvolle Rechtschreiblernmethoden

Die Flut der Trainingsmaterialien zum Rechtschreiben ist fast unüberschaubar. Fast jeder Schulbuchverlag bietet auch ein spezielles „wissenschaftlich begründetes" und „in der Praxis erfolgreich bewährtes" Fördermaterial für „Legastheniker" und „rechtschreibschwache Schüler" an.

Zu Beginn meiner jahrelangen Arbeit habe ich viele verschiedene Trainingsprogramme ausprobiert. Wenn ich bei einem Kind nicht zum gewünschten Erfolg kam, ging ich wieder auf die Suche nach neuen Trainingsmaterialien. Nachdem ich lange Zeit sehr genau kontrolliert habe, welche Teile aus verschiedenen Trainings zu welchem Erfolg führen, reduzierte sich mein Bestand an Übungsmaterialien ganz erheblich.

Betrachtet man die vielfältigen Rechtschreibübungen einmal genauer, so gibt es im Prinzip nur fünf grundlegende Übungen:

1. Schreiben und Mitsprechen
2. Abschreiben, Partnerdiktat, Selbstdiktat
3. Ausrichtung der Aufmerksamkeit auf ein spezifisches Rechtschreibphäno-men
4. Über Rechtschreibung nachdenken und Eigenregeln erstellen
5. Übungen zur Textkorrektur

Werden diese Grundübungen mit den Kindern systematisch eingeübt und gefestigt, so können die Kinder mittelfristig eine Methodenkompetenz auf-bauen und weitgehend selbstständig üben. Eine differenzierte Beschrei-bung dieser Grundübungen finden Sie in den folgenden Kapiteln.

Literaturhinweise

Meines Wissens gibt es keine Untersuchung, durch die belegt werden kann, welche Rechtschreibübungen wirklich ertragreich sind. Wer sich einen Überblick über die Fantasie der Autoren von Materialien zur Rechtschreib-förderung verschaffen will, der findet über 750 verschiedene Übungen in TRIEBEL und MADAY.

Wichtiger als dieses Buch zu lesen wird es sein, sich über die unsin-nigen Rechtschreibübungen zu informieren. Schöne Zusammenstellungen finden Sie in den beiden Titeln von RENATE VALTIN (s. S. 164).

7.3   Übungsverlauf – Lernbereiche

Anhand der qualitativen Analyse der Rechtschreibkompetenz wird zu-nächst für jedes Kind in der Förderung der Beginn des zu bearbeitenden Lernbereichs festgelegt. In der Praxis haben sich hier folgende „Faust-regeln" bewährt:

Faustregeln für die schrittweise Förderung

1. Macht die Schülerin oder der Schüler noch viele Verschreibungen bei regelhaften Laut-Buchstaben-Zuordnungen (Lernbereich LB) und in der schriftsprachlichen Durchgliederung der Wörter (Lernbereich LD), steht am Anfang das Einüben und Automatisieren eines Rechtschreibge-spürs auf der Lautebene (z. B. durch Übungen zum deutlichen Sprechen,

Übungen zum Heraushören von Lauten, konsequentes Mitsprechen beim Schreiben).

Kommen nur noch wenige Verschreibungen auf der Lautebene vor, so ist es sinnvoll, dem Kind Techniken für die Korrektur zu vermitteln, damit es bei der Überarbeitung seines Textes möglichst viele Verschreibungen findet (z. B. die Technik: Lesen, was da steht.).

2. Kommen keine Verschreibungen mehr auf der Lautebene vor, ist es sinnvoll mit den Kindern das Bestimmen der Wortart (Lernbereich WA) und die Ableitung der Wörter (Lernbereich WU) zu üben.

3. Da sich die regelhaften Kennzeichnungen der kurz bzw. lang gesprochenen Vokale auf den Wortstamm beziehen, ist es sinnvoll diesen Lernbereich (LV) erst zu besprechen, wenn die Kinder das Prinzip der Wortstammschreibung verinnerlicht haben.

4. Die Ausnahmeschreibungen (Lernbereich AF) sollten erst dann mit den Kindern thematisiert und geübt werden, wenn sie in den grundlegenden Bereichen (Laut-Buchstaben-Zuordnung, Stammschreibung, regelhafte Kennzeichnung lang/kurz gesprochener Vokale) weitgehend sicher sind.

Parallel zu den ersten drei Schritten kann mit den Kindern auch die Setzung der einfachen Satzzeichen (Satzanfang mit großem Buchstaben, Satzschlusszeichen, einfache wörtliche Rede, Komma bei Aufzählungen) thematisiert werden.

Es empfiehlt sich, die Wortbildung (Lernbereich WZ) erst dann mit den Kindern zu üben, wenn sie auf der Lautebene sicher sind und die Stammschreibung weitgehend beherrschen. Dieser Bereich kann vor und/oder nach der Thematisierung der Ausnahmeschreibungen behandelt werden.

Im Anhang finden Sie eine Übersicht über die Ordnung der Rechtschreibung (S. 167), sowie die Lernbereiche, die Rechtschreiblernmethoden und Übungen (S. 168 ff.).

7.4 Schreiben und Mitsprechen

In meiner langjährigen Arbeit habe ich noch kein Kind angetroffen, das von sich aus die wichtigsten Schreibtechniken anwendete. Nicht, dass die Lehrer ihm diese nicht vermittelt hätten. LRS-Schülerinnen und -Schüler neigen dazu, „drauflos" zu schreiben. Sie sprechen (wiederholen) das diktierte Wort und schreiben dann etwas völlig anderes.

Das konsequente Einüben der drei wichtigsten Schreibstrategien sollte am Anfang jeder LRS-Förderung stehen, wenn bei einem Kind noch Verschreibungen auf der Lautebene vorkommen.

Lesbar schreiben – lesbar korrigieren

Am dringendsten brauchen die Schnellschreiber und in der Motorik auffälligen Kinder diese Strategie. Die Schnellschreiber lassen sich zwar zehnmal erklären, dass es wichtig ist, schön und lesbar zu schreiben, aber sie halten sich nicht daran. Bei den Kindern mit schreibmotorischen Schwierigkeiten sagen wir meist nichts, weil wir froh sind, wenn sie überhaupt fertig werden.

In einem LRS-Förderkurs muss das Einübungen des lesbaren Schreibens die erste Technik sein, die eingeführt wird. Ob eine Schrift ungelenk und das Schriftbild krakelig ist, hängt von den feinmotorischen Fertigkeiten des Kindes ab. Durchstreichen, drüberschreiben und zweideutig schreiben sind jedoch „schlechte Angewohnheiten". Die vielfach verpönten „Schönschreibübungen" sind für LRS-Schüler wichtig, damit sie lernen, ordentlich und lesbar zu schreiben. Nur wenn sie ihre Schrift selbst lesen können, werden Sie auf Schreib- und Korrekturtechniken zurückgreifen können.

Vereinbaren Sie mit den Schülerinnen und Schülern, wie sie falsch geschriebene Wörter korrigieren sollen. Am besten (weil am lesbarsten) ist es: falsches Wort durchstreichen und unter dem Text neu aufschreiben.

Scheuen Sie sich vor allem nicht, mit den Kindern Schönschreibübungen zu machen. Nutzen Sie hierfür zunächst die Abschreibübung mit Wörterlisten oder den Wörtern des Modellwortschatzes (siehe folgendes Kapitel). Achten Sie aber darauf, dass Sie in dieser Phase dem richtigen Schreiben noch kein großes Gewicht beimessen. Erst wenn das lesbare Schreiben automatisiert ist, können die Kinder ihre Aufmerksamkeit auf das richtige Schreiben hin ausrichten.

Artikulationskontrolle

Die Bedeutung der Artikulationskontrolle können Kinder an einem kleinen Experiment herausfinden und verstehen: Ich fordere die Kinder auf, einmal die beiden Wörter „rosa Rose" zu schreiben, gleichzeitig aber „lila Limo" gedehnt (Schreibsprache) zu sprechen. Probieren Sie es einmal selbst.

Diese vermeintliche leichte Aufgabe werden Kinder ohne „Mogeln" nicht lösen können. Es ist sehr schwierig, etwas zu sprechen und gleichzeitig etwas anderes zu schreiben. Diese Erfahrung machen wir uns beim Schreiben zunutze, indem wir zum konsequenten Mitsprechen anleiten. DIETER BETZ nennt daher das Mitsprechen beim Schreiben „Pilotsprache": Die Sprache steuert die Hand wie der Pilot das Flugzeug.

In der Schriftsprache werden nur relativ wenige Wörter lautgetreu geschrieben. Die Schülerinnen und Schüler müssen sich Wörter daher zweifach merken:

* als Lautfolge (normal gesprochenes Wort) und
* als Buchstabenfolge (Schreibsprache).

Beides stimmt häufig nicht überein. Viele LRS-Schüler greifen beim Schreiben auf die Sprache (Lautfolge) zurück. Das führt zu vielen Verschreibungen, die dadurch vermieden werden können, dass Schüler konsequent angehalten werden, das Wort zunächst in einer Schreibsprache zu sprechen. Beim Schreiben können sie nun genau diese Klangfolge abrufen und beim Schreiben mitsprechen.

Um einem Irrtum gleich vorzubeugen: Die Technik des Mitsprechens ist keine Lernstrategie. Wir lernen durch die Artikulationskontrolle nicht die richtige Schreibung. Demnach kann sie auch nicht dazu dienen, beim Schreiben unbekannter Wörter die richtige Schreibweise zu finden. Wenn Kinder jedoch beim Abschreiben zunächst das abzuschreibende Wort in einer Schreibsprache sprechen, dann bildet sich (im Gehirn) eine eigenständige Schreibsprache, ein Schriftsprachgespür. Diese Schreibsprache wird dann beim Schreiben für die Pilotsprache wieder genutzt.

In ähnlicher Weise lernen viele Erwachsene auch Fremdsprachen. Wir lernen Vokabeln nicht einfach durch die Zuordnung von Englisch – Deutsch, sondern Lautfolge – Schriftsprache – Bedeutung (Beispiel: ‚nolidj / k-n-o-w-l-e-d-g-e / Wissen, Kenntnisse).

Durch das konsequente Mitsprechen (Artikulationskontrolle) wird erreicht, dass

* Laut und Buchstaben miteinander verknüpft werden (assoziatives Lernen) und
* sich ein Rechtschreibgespür entwickelt.
* Es werden jene Verschreibungen vermieden, die in erster Linie durch den Schreibvorgang entstehen, also Verschreibungen in Wörtern, die die Schüler „an und für sich" richtig schreiben können.
* Mit Hilfe der Artikulationskontrolle können insbesondere die so genannten „Wahrnehmungsfehler" (Buchstabenvertauschungen, -ersetzungen, -auslassungen usw.) vermieden werden.

Die Erfahrung, dass nur wenige Schülerinnen und Schüler beim Schreiben mitsprechen, obwohl die meisten in der Schule hierauf hingewiesen werden, macht deutlich, dass die Artikulationskontrolle konsequent geübt werden muss – und zwar so lange, bis sie von den Kindern völlig automatisiert ist.

Vorübungen zur Artikulationskontrolle sind die oben beschriebenen Leseübungen zur sprachlichen Durchgliederung, insbesondere der langsame Wortaufbau (Lauttreppe, beim Sprechen einschlafen usw.).

Die Einübung der Artikulationskontrolle erfolgt in vier Schritten:

1. Lehrer spricht laut vor (mit), während Schüler schreibt.
2. Schüler spricht beim Schreiben laut mit.
3. Schüler spricht leise (flüstert).
4. Schüler bewegt nur noch die Lippen.

Meist wird in der Klasse das Mitsprechen nicht ausreichend geübt, da es sehr störend zu sein scheint, wenn dreißig Kinder „laut schreiben". Zur Einübung sind die ersten beiden Schritte jedoch unerlässlich. Ob Kinder beim Schreiben mitsprechen, können Sie gut daran erkennen, dass diese die Lippen mitbewegen. Wenn sich also beim Schreiben die Lippen eines Kindes nicht bewegen, können Sie in der Regel sicher sein, dass dieses Kind beim Schreiben nicht mitspricht.

Individuelles Schreibtempo finden

Wenn Sie Schülerinnen und Schüler zum Mitsprechen anleiten, ist es unerlässlich, dass diese nicht nur langsam sprechen, sondern auch langsam schreiben. Sehr häufig beklagen sich Lehrerinnen und Lehrer über das Schreibtempo von LRS-Schülern. Die einen schreiben zu langsam und halten damit die ganze Klasse auf, die anderen sind zu schnell und machen hierdurch viele „Flüchtigkeitsfehler".

Es ist wichtig, dass jeder Schüler sein eigenes Schreibtempo findet. Dabei ist es besser, man schreibt langsam und kontrolliert, als schnell und hastig. („Nicht derjenige bekommt eine gute Note, der als Erster fertig ist.") Bei den meisten führt das Mitsprechen zu einem gleichmäßigen (rhythmischen) Schreiben.

Achten Sie darauf, dass Sie (oder die Mitschüler) nicht durch unbedachte Äußerungen versteckt zum Schnellschreiben animieren. Gerade das schnelle Schreiben führt dazu, dass LRS-Schüler beim Schreiben nicht mehr verunsichert und damit auf Fehler aufmerksam werden. Schnellschreiben führt auch zu schnellem Sprechen und verhindert das konsequente Mitsprechen (Pilotsprache).

LRS-Schüler, die zu schnell schreiben, sind oft verunsichert. Sie wollen möglichst schnell fertig werden, das unangenehme Schreiben hinter sich bringen. Sie profitieren davon, wenn Sie konsequent zum Mitsprechen angehalten werden. Durch die Artikulationskontrolle verlangsamt sich auch automatisch ihre Schreibgeschwindigkeit. Allerdings brauchen gerade die Schnellschreiber eine sehr kontrollierte und konsequente Einübung der Pilotsprache, da sie häufig alles vermeiden, was sie davon abhält, möglichst schnell fertig zu werden.

Wenn Sie feststellen, dass einige (bei eigenem Schreibtempo) durchgehend schneller sind als andere, sollten Sie diese anhalten, die verbleibende Zeit mit der Anwendung von Korrekturtechniken (s. u.) sinnvoll zu verwenden.

LRS-Schüler, die zu langsam schreiben, sind entweder motorisch träge/langsam oder brauchen viel Zeit, um die richtige Schreibweise zu (er)finden (z. B. Kinder mit sprachlichen Schwierigkeiten).

Schnellschreibübungen sollten Sie nur mit den Kindern durchführen, die langsam, aber richtig schreiben. Das sind meist die motorisch trägen. Wer sich bei keinem Wort so richtig entscheiden kann, verbessert sein Schreibtempo mit wachsender Rechtschreibsicherheit.

Das langsame Schreiben ist hier ein gutes Zeichen: Immerhin sind sie noch verunsichert (im Gegensatz zu den Schnellschreibern). Bei ihnen sorgt das Mitsprechen für mehr Schreibsicherheit und führt damit zu einer Tempo-steigerung. Für verunsicherte Kinder sind Schnellschreibübungen kontraindiziert.

Das Gleiche gilt für jede Form der Aufforderung zum schnelleren Schreiben („Nun schreib doch mal ein bisschen schneller!" „Wir müssen mal wieder warten, bis Franz fertig ist."). Hilfreicher ist es, mit diesen Kindern differenzierte Texte zu schreiben, sie nur einen Teil des Diktates schreiben zu lassen oder ein Diktat mit den langsam schreibenden Kindern zu einer anderen Zeit zu schreiben.

Literaturhinweis

Eine kurze theoretische Begründung für die Artikulationskontrolle (Pilotsprache) ist zu finden in dem Titel von BETZ/BREUNINGER (s. S. 160).

7.5   Abschreiben, Partnerdiktat, Selbstdiktat

Kinder schreiben eigene Texte in einer ihnen eigenen „Privatschrift". Dabei konstruieren sie die Schreibung nach den Konstruktionsprinzipien, die sie bis zu diesem Zeitpunkt verinnerlicht haben (zum Beispiel lauttreue Verschriftung). Beim freien Schreiben festigen sie ihre vorhandenen Kompetenzen. Insofern ist das freie Schreiben immer auch eine Rechtschreibübung.

> Schreiben lernt man nur durch Schreiben. Aber nicht jedes Schreiben führt auch zu einer Verbesserung der Rechtschreibung.

Um geschriebene Texte als Modelle für die eigene Weiterentwicklung der Rechtschreibkompetenz nutzen zu können, muss der Text vom Kind abgeschrieben werden. Das Abschreiben allein garantiert jedoch noch keinen Lernzuwachs. Indem die Schülerinnen und Schüler beim Abschreiben auf jene Stellen aufmerksam werden, die entgegen ihrer Schreiberwartung geschrieben werden (= „schwierige Stellen"), differenzieren und verändern sie ihre verinnerlichten Konstruktionsprinzipien.

Diese Weiterentwicklung der Schreiberwartung gelingt aber nur dann, wenn sichergestellt wird, dass die Kinder an diesen „schwierigen Stellen" tatsächlich aufmerksam werden, die Abweichung zur eigenen Schreiberwartung bemerken und das Wort dann korrekt aufschreiben. Hierbei muss verhindert werden, dass die Kinder die abweichenden Stellen einfach nur Buchstabe für Buchstabe kopieren.

Ein Lernertrag entsteht nicht dadurch, dass vom Kind ein richtiges Produkt erstellt wird. Einen Text fehlerfrei abschreiben kann ein Kind beispielsweise auch, indem es Zeichen für Zeichen kopiert. Hierfür braucht es nicht einmal Lesen zu können. Am Ende hat dieses Kind diesen Text völlig korrekt „abgeschrieben". Gelernt hat es hierdurch jedoch nichts.

Von Anne Krämer, Melsungen, wurde ich im Juli 2004 auf eine interessante Pressemeldung aufmerksam gemacht: „Chinesen schreiben deutsches Wörterbuch ab." Es ging hierbei um die Digitalisierung des Grimm'schen Wörterbuches, das von Jacob und Wilhelm Grimm seinerzeit noch in Handschrift verfasst wurde. Die kleine Schrift und die vielen Sonderzeichen machten ein Einscannen unmöglich. So kam es, dass der Auftrag zur Digitalisierung nach China vergeben wurde. Die Schreibkräfte in China sind es gewohnt, auf kleinste Zeichenunterschiede zu achten. So konnten sie – ohne die Wörter lesen oder gar verstehen zu können – die 300 Millionen Zeichen des Grimm'schen Wörterbuches „abtippen".

„Die Fehlerquote bei deutschen Texterfassern wäre einfach zu groß, dies erkannte der Herausgeber, wenn es um das Abschreiben (Abtippen) des Wörterbuches gegangen wäre. Deutsche Schreibkräfte hätten sich sicherlich nicht auf ganzer Linie gegen ihr eigenes Sprachwissen sperren können, um unterschiedliche Schreibweisen quer durch die Geschichte trotzdem zu kopieren." (Kommentar von Anne Krämer zu dieser Zeitungsmeldung. Quelle: http://forum.rechtschreibwerkstatt.de – Geben Sie als Suchbegriff Chinese ein.)

Das zeigt, dass beim Abschreiben in der Regel eben nicht Zeichen kopiert, sondern die abzuschreibenden Wörter neu konstruiert werden. Das ist der Grund, warum es bei einer so „einfachen" Aufgabe des Abschreibens bei Kindern dennoch zu Verschreibungen kommen kann.

Ob sich beim Abschreiben eines Textes ein Lernzuwachs einstellt hängt davon ab, wie das Kind mit dem Abschreiben umgeht. Nur die Anwendung einer richtigen Abschreibtechnik und die Auswahl geeigneter Abschreibtexte führt beim Kind zu einem Lernertrag. Und umgekehrt: Ein richtig abgeschriebener Text sagt nichts darüber aus, ob das Kind beim Abschreiben auch etwas gelernt hat (siehe die Zeitungsmeldung aus China).

Das Abschreiben hat dann einen besonders positiven Effekt auf die Weiterentwicklung eines Rechtschreibgespürs, wenn:

1

zunächst die Aufmerksamkeit des Kindes auf „schwierige Stellen" im Wort ausgerichtet wird,

das Kopieren von Zeichen und Wörtern systematisch verhindert wird,

das Kind Zeit genug hat, den Text zu lesen und seinem Schreibtempo entsprechend zu arbeiten,

2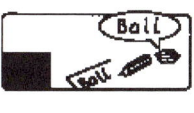

das Kind beim Abschreiben mitspricht,

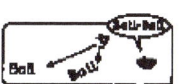

lesbar schreibt und

3

jederzeit Gelegenheit hat, sein Geschriebenes zu kontrollieren.

Aufmerksamkeit ausrichten, „schwierige Stellen" markieren

Am besten ist es, wenn die Kinder vor dem Abschreiben in dem Text alle schwierigen Stellen zunächst markieren (farbig unterstreichen). Das Markieren von „schwierigen Stellen" hat zwei Funktionen:

- **Umorientierung der Aufmerksamkeit**
  In der Regel werden Kinder einen Text abschreiben, indem sie sich ein Wort, einen Satz oder Satzteil durchlesen und dann aufschreiben. Beim Schreiben wenden sie dann die verinnerlichten Rechtschreibprinzipien an. Dadurch entsteht kein Lernzuwachs. Um die verinnerlichten Rechtschreibprinzipien weiterzuentwickeln, muss das Kind auf jene Stellen aufmerksam werden, die entgegen der eigenen Schreiberwartung geschrieben werden. Nur dann wird es seine verinnerlichten Prinzipien verändern. Um dies zu erreichen, muss die Aufmerksamkeit des Kindes von der Sinnentnahme (lesen) weg und hin zu einer rechtschriftlichen Betrachtung des Textes ausgerichtet werden. Am leichtesten ist die Umorientierung der Aufmerksamkeit dadurch zu erreichen, dass die Kinder einen konkreten Arbeitsauftrag erhalten, bestimmte Stellen im Text herauszufinden und anzustreichen. Dieser Arbeitsauftrag führt automatisch dazu, dass die Aufmerksamkeit nicht auf den Inhalt, sondern auf die Rechtschreibung gelenkt wird.

- **Aufmerksamkeit auf individuellen Lernstand ausrichten**
  Welche Stellen ein Kind markieren soll, hängt von seinem Lernstand ab. Ein Lernzuwachs wird sich durch das Markieren nur einstellen, wenn der Arbeitsauftrag zum Lernbereich des Kindes passt. Konkret könnte ein Arbeitsauftrag für Kinder, die im Lernbereich der Laut-Buchstaben-Zuordnung arbeiten, heißen: *„Markiere alle Stellen, wo du etwas anderes sprichst, als du schreibst."*
  Indem ein Kind solche Stellen aufspürt und markiert, wendet es ein rechtschriftliches Prinzip an (man schreibt, was man spricht) und wird auf Verstöße gegen dieses Prinzip aufmerksam. Der Arbeitsauftrag wird mit zunehmender Kompetenz (in Abhängigkeit vom Lernbereich) des Kindes verändert.
  Ein Kind, das beispielsweise auf der Laut-Buchstaben-Ebene noch sehr unsicher ist, wird die Endung -*er* oder die Schreibung des *ng* oder *qu* als Abweichung erleben. Für ein anderes Kind, das gerade lernt, wie die kurz gesprochenen Vokale regelhaft gekennzeichnet werden, sind die Kennzeichnungen von lang und kurz gesprochenen Vokalen (*ie*, Doppelkonsonant) besonders schwierig.

Damit ein Kind genau auf seinen individuellen Lernschritt aufmerksam wird, muss ihm passend zu seinem Lernbereich ein konkreter Auftrag für das Markieren der „schwierigen Stellen" gegeben werden. Nur so fördert das Abschreiben die eigene Rechtschreibkompetenz.

Kopieren verhindern, lesbar schreiben und mitsprechen

Kinder, die noch nicht lesen können, werden eine Abschreibaufgabe nur lösen können, wenn sie Zeichen für Zeichen abmalen (kopieren). Das kann zwar zu einem richtigen Ergebnis führen, allerdings hat das Kind hierbei nichts gelernt. Aus diesem Grunde sollte man Kinder, die nicht lesen können, auch nicht abschreiben lassen. Abschreiben ist demnach keine Methode für den Anfangsunterricht.

Schreiben Kinder, die schon lesen können, einen schwierigen Text ab, so werden sie immer wieder auf Stellen stoßen, die entgegen der eigenen Erwartung geschrieben werden. Sie lösen in der Regel diese Schwierigkeit, indem sie diese „kritischen Stellen" kopieren, also Buchstabe für Buchstabe kopieren (so wie die Chinesen im obigen Zeitungsartikel). Auch hier kommen die Kinder zu einem richtigen Endprodukt, allerdings ohne einen nennenswerten Lernertrag, weil die Rechtschreibphänomene nicht im Wortzusammenhang erfasst werden.

Das Abschreiben führt nur dann den Rechtschreiblernprozess weiter, wenn das Kopieren von Zeichen systematisch verhindert wird. Ohne diese zentrale Bedingung sind Abschreibübungen reine Zeitverschwendung.

Wie wichtig es ist, dass die Kinder für eine Abschreibübung genügend Zeit haben, lesbar schreiben und beim Schreiben mitsprechen, wurde im vorangehenden Kapitel bereits beschrieben.

Kontrollieren

Ziel des Abschreibens ist natürlich die richtige „Neukonstruktion" des vorgegebenen Textes. Wenn Kinder den Text nicht Buchstabe für Buchstabe kopieren, sondern Textteile aus dem Gedächtnis aufschreiben, dann wenden sie die verinnerlichten Regelhaftigkeiten der Rechtschreibung an. Diese sind jedoch noch nicht vollständig. Da Kinder sich keine Wortbilder einprägen und reproduzieren, kommt es auch beim Abschreiben zwangsläufig zu „Konstruktionsfehlern". Dies wird von uns Erwachsenen, die wir schon eine hohe Rechtschreibkompetenz verinnerlicht haben, häufig unterschätzt. Wir erwarten eine fehlerfreie Reproduktion, was jedoch für Rechtschreiblernende noch nicht unbedingt möglich ist.

Wichtig ist, die Kinder anzuleiten, die abgeschriebenen Wörter sofort zu kontrollieren. Die Anweisung hierzu lautet: Lies nach jedem geschriebenen Wort (Satzteil/Satz) genau, was du geschrieben hast. Damit üben die Kinder zugleich die grundlegende Korrekturtechnik (siehe Kapitel 7.7) ein.

Nur wenige Abschreibübungen genügen diesen drei Anforderungen, die an ein ertragreiches Arbeiten gestellt werden müssen. Wenig oder gar nicht ertragreich für die Weiterentwicklung der Rechtschreibkompetenz sind daher Tafelabschriften, Ab- oder Umschriften, Dosendiktate sowie Schleich- oder Laufdiktate.

		Tafelabschriften	Umschriften	Abschriften	Dosendiktate	Diktattaschen	Schreibröllchen	Laufdiktate	Wendediktate	Abschreibheft
1.a	Die **Aufmerksamkeit** wird auf individuelle Schwierigkeiten des Kindes **ausgerichtet**.	−[1]	−	−	O[2]	O	O	−	+	+
1.b	**Individuelle Schwierigkeiten** können im Text markiert werden.	−	−	−	O	−	O	−	+	+
2.a	Das **Kopieren** wird systematisch verhindert.	−	−	−	+	+	+	+	+	+
2.b	**Individuelles Schreibtempo** wird gewährleistet.	−	O	+	+	+	+	+	+	+
3.	Das Abgeschriebene kann direkt beim Schreiben **kontrolliert** werden.	+	−	+	−	+	−	−	+	+
	Effekt für die Rechtschreibentwicklung:	👎[3]	👎	👎	😐	😐	😐	😐	👍	👍

1 Die Kennung [–] erhielt eine Übung, wenn die Bedingung nicht erfüllt wird.
2 Mit [o] wurde eine Übung versehen, wenn diese Bedingung zwar nicht eingeplant, durch leichte Veränderungen aber prinzipiell möglich ist.
3 Übungen, bei denen das Kopieren von Zeichen nicht verhindert wird, haben keinen Ertrag für die Entwicklung der Rechtschreibung und sind daher grundsätzlich negativ zu bewerten.

Üben mit dem Abschreibheft

Abschreiben ist nicht gleich Abschreiben

Es gibt viele Situationen im Unterricht, in denen Kinder etwas abschreiben oder in denen wir die Situation so gestalten können, dass Kinder etwas abschreiben müssen. Die besondere Wirkung von Abschreibübungen ist inzwischen von vielen Autoren von Übungsmaterialien erkannt worden. So werden verschiedene Abschreibübungen auch als Alternative zum Klassendiktat angeboten. Allerdings haben die meisten Abschreibübungen nur einen geringen Effekt, weil eine oder mehrere der oben genannten Bedingungen nicht erfüllt werden.

Die wirksamste Abschreibübung, die alle wichtigen Bedingungen erfüllt, ist das Abschreiben auf der Vorlagenrückseite. Den Kindern wird ein kopierter Text zur Verfügung gestellt, den sie auf die Rückseite des Arbeitsblattes schreiben (Wendediktat).

Diese Vorgehensweise haben wir in der Schule und in Fördergruppen jahrelang mit Erfolg praktiziert. Allerdings ist dies für Schulen eine sehr kostenträchtige Angelegenheit, da alle Abschreibtexte immer für die ganze Klasse kopiert werden müssen. Ich habe daher diese Technik weiterentwickelt. Heute benutzen wir für Abschreibübungen ein spezielles Abschreibheft.

Das Abschreibheft ist ein beliebiges Schreibheft, dessen Vorderseite (beim linkshändigen Kind die Rückseite) mit einer Folientasche versehen ist. In diese Folientasche werden die abzuschreibenden Texte gesteckt. Der Abschreibtext bildet dann die Vorderseite des Umschlages des Schreibheftes. Alternativ kann man auch das Schreibheft in einen durchsichtigen Schutzumschlag (Folienumschlag) stecken.

Vorgehensweise

Das Abschreibheft ist mehr als nur ein spezielles Schreibheft für Abschreibübungen. Mit der Methode des Abschreibheftes ist zugleich eine bestimmte Vorgehensweise verbunden, die das Abschreiben zu einer hoch effizienten Methode werden lässt.

1. Schritt: Ausrichtung der Aufmerksamkeit auf „schwierige Stellen"

Mit einem Folienstift markiert das Kind jene Stellen im Wort (nicht das ganze Wort, sondern nur einzelne Buchstaben), die anders als erwartet geschrieben werden. Die Kinder lesen den Text (mit dem Folienstift in der Hand) mit einer anderen Aufmerksamkeitsausrichtung: „Wo ist eine Stelle,

auf die ich nachher beim Abschreiben achten muss." Damit prägen sich
genau die Stellen ein, die von den bisherigen verinnerlichten Konstruktionsprinzipien abweichen. Und genau so wird die Rechtschreibkompetenz
weiterentwickelt.

2. Schritt: Abschreiben und mitsprechen

Um den Text abzuschreiben, muss das Kind immer wieder die Rückseite
aufschlagen, sich einige Wörter merken und sie dann ins Heft schreiben.
Das Umblättern des Heftes ist für Kinder natürlich lästig. Sie werden also
versuchen, sich möglichst viel einzuprägen. Ohne besondere Übung verbessern sie damit auch ihre sprachliche Merkfähigkeit. Stoßen sie beim
Abschreiben auf eine markierte Stelle, so unterbrechen die Kinder oft an
dieser Stelle das Einprägen des Textes. Sie merken sich den Text von Markierung zu Markierung, was ebenfalls wieder auf die „schwierigen Stellen"
aufmerksam macht und über die „Inhaltsreproduktion" hinausgeht. Abschreiben wird so nicht zu einer reinen inhaltlichen Wiedergabe, sondern
direkt auf das „Richtigschreiben" ausgerichtet.

Darüber hinaus nutzen wir jede Abschreibübung zugleich auch als
Schönschreibübung.

3. Schritt: Kontrolle

Das Kind kann beim Schreiben jederzeit kontrollieren, ob es die Wörter
richtig geschrieben hat. Wir beobachten häufig, dass ein Kind an einer mar-
kierten Stelle sein Schreiben unterbricht und noch einmal nachschlägt, um
zu sehen, wie das Wort geschrieben wird. In diesem Unterbrechen des
Schreibens liegt ein wichtiger Effekt. Denn genau dann hat das Kind ge-
merkt, dass die richtige Schreibung nicht zu seiner impliziten Recht-
schreibstrategie passt.

Als Lehrerin oder Lehrer sollten Sie ihre Kontrolle der abgeschriebenen
Texte auf den Lernbereich begrenzen, in dem das Kind gerade übt. Wenn
ein Kind gerade im Bereich der Laut-Buchstaben-Zuordnung arbeitet, ma-
che ich das Kind lediglich auf unlesbare Wörter und jene Verschreibungen
aufmerksam, wo es Laute in nicht passende Buchstaben übertragen hat.
Alle anderen nicht der Rechtschreibnorm entsprechenden Schreibungen
werden von mir zunächst ignoriert. Dies trägt dazu bei, dass die Aufmerksamkeit des Kindes auf das, was gerade geübt wird, ausgerichtet wird, ohne
das Kind durch Fehlerhinweise, die erst später thematisiert werden, zu
verunsichern.

Differenzierte Abschreibtexte

Kinder sind verschieden, lernen verschieden und verfügen auch über eine verschieden weit entwickelte Rechtschreibkompetenz. Abschreibtexte sind nur dann wirksam, wenn sie den aktuellen Stand der Regelbildung aufgreifen und weiterentwickeln. Sie dürfen daher weder zu leicht, noch zu schwierig sein. Ein Kind, das beispielsweise auf der Laut-Buchstaben-Ebene sicher ist, aber Ableitungen (den Erhalt des Wortstammes in Umformungen) nicht erkennt, ist durch einen Text mit lauttreuen Wörtern unterfordert und wird von einem Text mit vielen rechtschriftlichen Besonderheiten ebensowenig profitieren. Dieses Kind braucht Abschreibtexte, in denen gerade jene rechtschriftlichen Phänomene vorkommen, die es sich nur durch die Umformung des Wortes erschließen kann (z. B. Auslautverhärtung, ä, äu).

Es macht daher keinen Sinn, alle Kinder die gleichen Texte abschreiben zu lassen. Vielmehr muss der Abschreibtext zum jeweiligen Lernstand des Kindes passen. Die Differenzierung liegt also nicht in der Länge/Kürze eines abzuschreibenden Textes, sondern in dem Wortgestaltungsniveau des Abschreibtextes. Die Fokussierung auf einen Lernbereich trägt am sichersten dazu bei, das Rechtschreibgespür des Kindes zu sichern und weiterzuentwickeln.

Einführung des Abschreibheftes im Unterricht

Das Abschreibheft eignet sich besonders für die Einführung differenzierten und selbstständigen Übens in der Klasse. Es ist eine Methode, die über viele Lernbereiche hinweg mit großem Ertrag eingesetzt werden kann. Daher zählt das richtige Abschreiben zu den grundlegenden Methoden, die jedes Kind sicher beherrschen sollte.

Es ist daher sinnvoll, das Abschreiben in der Klasse einzuführen und mit allen Kindern einzuüben. Dabei wird den Kindern vermittelt, dass sie über das Abschreiben das richtige Schreiben und zugleich auch das lesbare Schreiben (Schönschreiben) trainieren können.

An einem Abschreibtext, der auf Folie kopiert und allen Kindern ins Abschreibheft gelegt wurde, wird zunächst die Vorgehensweise beim Markieren vermittelt. Dabei markieren die Kinder jene Stellen im Wort, in denen sie etwas anderes hören als sie schreiben. Später wird das Markieren je nach Lernstand der Kinder differenziert. Ebenso wird mit allen Kindern das Kontrollieren (jedes Wort: genau lesen, was da steht) eingeübt.

Am Anfang sollten Sie besonders darauf achten, dass die Kinder die Abschreibtechnik richtig automatisieren. Dazu gehört vor allem das vorherige Markieren der „schwierigen Stellen". Daneben ist wichtig, dass die Kinder lernen, sofort richtig abzuscheiben (markieren, schreiben und mitsprechen, kontrollieren, korrigieren). Nur wenn die Methode mit den Kindern zu Beginn gründlich eingeübt ist, werden die Kinder durch das Abschreiben auch einen hohen Lernertrag für die Weiterentwicklung ihrer Rechtschreibkompetenz haben.

Partnerdiktat

Eine Variante des Abschreibens ist das Partnerdiktat. Das Partnerdiktat ist eine Übungsform und kein Kontrollinstrument.

Für das diktierende Kind heißt die Aufgabenstellung: Diktiere so, dass dein Partner direkt alles richtig schreibt.

Das diktierende Kind ist also dafür zuständig, dass der Partner die diktierten Wörter oder Sätze richtig schreibt. Es kann dem schreibenden Kind so viele Hilfen geben (z. B. zur Groß- oder Kleinschreibung), wie es braucht.

Das diktierende Kind sollte direkt verfolgen, was das andere Kind schreibt und gegebenenfalls direkt eingreifen, wenn es zu einer Verschreibung kommt. Hierfür ist es bei einem rechtshändigen Kind hilfreich, wenn das diktierende Kind links neben ihm sitzt (beim linkshändigen Kind entsprechend umgekehrt).

Die Arbeitsanweisung „Diktiere so, dass dein Partner das Wort mit Sicherheit richtig schreibt.", führt dazu (sollte dazu führen), dass das diktierende Kind die Wörter deutlich und so spricht, wie sie geschrieben werden. Die Wörter werden somit in eine „Schreibsprache" übertragen.

Das diktierende Kind lernt dabei:

* ein Wort genau zu lesen (erlesen) und
* so zu sprechen, wie es geschrieben wird.

Es lernt also deutlich zu sprechen und hochdeutsch zu sprechen. Gerade die letzten beiden Punkte sind wichtig: Die deutsche Rechtschreibung ist von der Hochsprache abgeleitet und diese unterscheidet sich in der Regel deutlich von der Regionalsprache der Kinder. Indem die Kinder deutlich sprechen, was geschrieben steht, können sie ihre eigene Sprache in Richtung auf die deutschen Hochsprache weiterentwickeln.

Wenn der Abschreibtext zuvor von dem Kind „markiert" wurde (s. o.), dass den Text schreiben soll, profitiert das diktierende Kind zusätzlich durch diese Markierungen. Es wird auf Abweichungen zwischen dem gesprochenen und geschriebenen Wort aufmerksam und kann dies bewusst (aktiv) beim Sprechen berücksichtigen. So bildet sich ein sicheres Sprach- und Rechtschreibgespür für die Besonderheiten und Abweichungen der Laut-Buchstaben-Zuordnung.

Bei richtiger Durchführung des Partnerdiktates profitiert gerade das diktierende Kind besonders für die Weiterentwicklung der eigenen Aussprache hin zum deutlichen und hochdeutschen Sprechen.

Das schreibende Kind bekommt eine sprachliche Vorgabe, die dem zu schreibenden Wort entspricht. Es hört somit genau, was es selbst beim Schreiben mitsprechen sollte. Daher ist das Partnerdiktat auch die beste Übung, um das Mitsprechen zu trainieren. Wichtig ist hier, dass das schreibende Kinder das diktierte Wort zunächst laut in der Schreibsprache nachspricht.

Das Mitsprechen beim Schreiben bereitet vor allem Kindern mit Sprachproblemen und motorischen Störungen große Schwierigkeiten. Das Partnerdiktat kann für diese Kinder dahingehend variiert werden, dass das diktierende Kind für das schreibende Kind zunächst das Mitsprechen übernimmt. So hört das schreibende Kind immer wieder, was es jetzt gerade mitsprechen sollte. Mit der Zeit (je besser die Schreibmotorik automatisiert wird) kann es dann dem schreibenden Kind immer besser gelingen, selbst mitzusprechen.

Das diktierende Kind sollte direkt eingreifen, wenn es zu einer Verschreibung kommt. Diese sofortige Korrektur führt am schnellsten zu einer Weiterentwicklung des Rechtschreibgespürs (ähnlich, wie die Autokorrektur am Computer).

Das Partnerdiktat ist nicht nur eine Variation oder Abwechslung zur klassischen Abschreibübung. Für Kinder, die auf der Lautebene arbeiten – und das ist der zentrale Bereich gerade für LRS-Schülerinnen und -Schüler – ist das Partnerdiktat sehr viel effizienter als die klassische Abschreibübung.

Selbstdiktat

Analog zum Partnerdiktat kann der Abschreibtext auch als Selbstdiktat geschrieben werden. Hierzu benutzen die Kinder ein Diktiergerät oder einen Kasettenrekorder. Hilfreich ist es, wenn die Kinder ein Abspielgerät mit Fußschalter haben. Dies erleichtert das Abspielen und Zurückspulen. Beim Selbstdiktat gehen die Kinder wie folgt vor:

1. Markiere in dem Text alle Stellen, wo du etwas anderes schreibst, als du sprichst.

2. Diktiere den Text auf Kassettenrekorder. Sprich langsam und deutlich. Gib dir so viele Hilfen, wie du benötigst, um alles richtig zu schreiben.
3. Höre dir ein Wort oder einen Satz (Satzteil) an. Schreibe das Wort (den Satz) und sprich dabei leise mit.

Einzelne Wörter und Wörterlisten: Schreibe die diktierten Wörter untereinander.
Kontrollieren: Lies nach jedem geschriebenen Wort (Satz/Satzteil) noch einmal genau, was du geschrieben hast.

Literatur und Materialien

Für die Abschreibübungen (Standardübung, Partnerdiktat, Selbstdiktat) können drei verschiedene Materialien genutzt werden:
- Abschreibtexte
- Wörterlisten
- Wörter des Modellwortschatzes

Beispiele für lernbereichsbezogene Abschreibtexte und Wörterlisten sowie eine differenzierte Beschreibung dieser wichtigen Methode finden Sie im Internet auf der Seite www.rechtschreib-werkstatt.de/rsl/me/abschr.

7.6   Ausrichtung der Aufmerksamkeit

Neben dem Mitsprechen und den verschiedenen Abschreibübungen kommt es im Weiteren darauf an, die Aufmerksamkeit der Kinder auf spezifische rechtschriftliche Phänomene auszurichten. Hier bietet die Ordnung der Rechtschreibung und das Bild der Rechtschreibwerkstatt (s. S. 172) eine wichtige Orientierung. Zunächst wird anhand einer qualitativen Textanalyse (s. S. 173 f.) festgestellt, welche Schwierigkeiten das Kind hat. Die Aufmerksamkeit des Kindes wird dann auf das Konstruktionsprinzip, das einer spezifischen Schwierigkeit zu Grunde liegt, ausgerichtet.

Werden Abschreibtexte verwendet, so wird das Kind aufgefordert, zunächst die „schwierigen Stellen" im Text zu markieren (s. Abschnitt 7.5). Besonders ertragreich ist es, wenn die Kinder mit Modellwörtern arbeiten. Ich verwende hierzu einen vorbereiteten Modellwortschatz. Dieser besteht aus Wörterkarten, bei denen auf der Vorderseite das Wort und ein erklärender Satz gedruckt ist und auf der Rückseite Lösungen für verschiedene Übungen und Lernbereiche. Solche Modellwörter können sich die Kinder auch selbst auf Karteikarten schreiben. In diesem Falle steht ihnen jedoch für die Partnerarbeit keine Lösungskontrolle zur Verfügung. Im weiteren Verlauf dieses Kapitels beschreibe ich die Vorgehensweise mit vorgefertigten Wörterkarten.

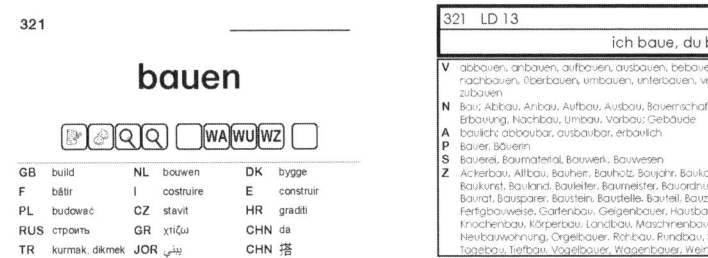

Beispiel für Vorder- und Rückseite einer Karteikarte zum Modellwortschatz

Der Wortschatz

Der Modellwortschatz sollte sich im Aufbau an den Lernbereichen (s. S. 168 ff.) orientieren. Für alle Regelhaftigkeiten, Besonderheiten und Ausnahmeschreibungen der deutschen Rechtschreibung werden Modellwörter zur Verfügung gestellt. Hieran können die Kinder die verschiedensten Phänomene der deutschen Rechtschreibung kennen lernen und verinnerlichen.

Beispielwörter für einen Modellwortschatz:

LB = Laut-Buchstaben-Zuordnung

1. Einfache Vokal-Konsonant-Folgen

   gut, Hut, Mut, Wut, Not, rot, tot, Oma, Opa, rosa, Rose, Dose, Hose, Hase, Nase, Name, Boden, baden, Laden, Faden, malen, sagen, Wagen, jagen, reden, Regen, fegen, legen, lesen, leben, geben, heben, haben, holen, beten, raten, rufen, Ofen, Esel, Tafel, Nagel, Kugel, Foto, Monat, Beruf

2. Umlaute *ö, ü*

   böse, lösen, hören, mögen, Möwe;

   müde, üben, lügen, Süden, Tüte, Hügel, Zügel

3. Diphthonge – *au, ei, eu*

   Auge, Auto, Baum, Raum, Maus, Haus, Haut, laut, kaufen, laufen, saufen, raufen, rauben, Pause, Taube, faul, genau

   Eis, Bein, fein, rein, Wein, heil, teilen, Seil, weit, Zeit, Seife, Seite, leise, weinen, zeigen, leiden, reisen, reiten, bereit, einsam, gemein, heiraten

   neu, Heu, Eule, Beule, Beute, Leute, heute, heulen, Teufel

4. Wörter mit *sch*
  Schaf, schön, Schaum, Schere, Schule, Scheune, scheinen, mischen, wischen, waschen, naschen, Tasche, Tisch, Fisch, rasch

5. Konsonantenfolge – Silbenfuge
  Ende, finden, binden, senden, selten, halten, helfen, melden, folgen, Wolke, Lampe, Tante, Mantel, Osten, Westen, Kasten, pusten, wünschen

6. Konsonantenfolge – Wortanfang
  blau, bleiben, Blume, Blut, Flasche, Fleisch, glauben, klagen, kleben, klein, Plan, schlafen, schlagen, schlau, braun, breit, bremsen, Brot, fragen, Frau, frei, frisch, grau, greifen, grün, schreiben, Schrift, tragen, Traum, treten, schneiden, zwei

7. Konsonantenfolge – Wortende
  oft, Heft, Luft, Saft, Kraft, alt, kalt, Welt, bunt;
  Ast, Gast, Faust, fest, Rest, Lust, Post;
  Film, handeln, falsch, Mensch

8. *er* am Wortende, einschließlich *-ern*
  Eimer, Leiter, Kater, mager, Schüler, sauber, sicher, Feder, Puder, Bruder, Wunder, Mörder, Körper, Tochter, Panter, Winter, Meister, Schwester, rudern, schleudern, wandern, zaubern, Eltern, Hintern, flüstern, gestern, Ostern, fordern

9. *sp, st* am Wortanfang
  sparen, Spaten, Spinat, Spule, Sprudel
  steigen, Stein, Stift, stören, Stunde, Strafe, streiten

10. Wörter mit *ch* im Wortinneren und am Wortende
  frech, echt, schlecht, brechen, sprechen, stechen, rechnen, gleich, reich, weich, leicht, reichen, schleichen, streichen, leuchten, Licht, Gesicht, richten, Geschichte, Milch, Küche
  Bach, Fach, schwach, Nacht, Sache, lachen, machen, wachen, Bauch, Rauch, brauchen, tauchen, hoch, Loch, Woche, kochen, Knochen, Buch, Tuch, suchen

11. Wörter mit *ng, nk*
  Angel, fangen, lang, eng, streng, Finger, bringen, singen, springen, jung, Junge, Hunger,
  Bank, danken, tanken, krank, schlank, Schrank, denken, schenken, trinken, links, Onkel, Punkt

12. Besonderheiten: *qu, x, z*
  bequem, Qualm, Quadrat, Qual, Quark, quer,
  Axt, boxen, extra, Hexe, Mixer, Taxi, Text,
  ganz, Herz, Holz, Salz, schwarz, stolz, stürzen, tanzen

LD = Schriftsprachliche Durchgliederung

13. Diphthong + Vokal
bauen, hauen, kauen, Mauer, sauer, schauen,
Feuer, teuer, Steuer, freuen, scheuern,
feiern, Schleier, schreien
14. Silben trennendes *h*
mähen, drehen, gehen, sehen, stehen, wehen, Zehe, drohen, Ruhe,
Truhe, blühen
15. schwierige Konsonantenfolgen
Angst, Arzt, deutsch, ernst, Fenster, Gespenst, Hamster, Hengst, Kunst,
Quatsch, rutschen, selbst
16. vokalisches *r*
Arm, Bart, Farbe, Garten, hart, Karte, parken, scharf, stark, warm, war-
ten; fern, lernen, merken, werden, werfen, Wert; Birne, Kirche, Kirsche,
Schirm, wirken, Wirt; Dorf, Form, Morgen, Norden, normal, Ort, sorgen,
Sport, Wort; Durst, kurz, Sturm, Turm, turnen, Wurst; bürsten, dürfen;
Natur, Schnur, schwer, Tür

LV = lang und kurz gesprochene Vokale

17. langer Vokal: *ä*
Bär, spät, Käse, Träne, Jäger, Käfer, Schäfer, nähen, schälen
18. langer Vokal + *ß*
Fuß, süß, groß, Spaß, stoßen, Straße, grüßen, heiß, weiß, beißen, reißen,
schmeißen, draußen
19. langer Vokal: *ie*
Brief, tief, schief, Tier, schieben, lieben, liegen, biegen, fliegen, fließen,
gießen, schließen, fliehen, ziehen, Frieden, frieren, schmieren, bieten,
kriechen, spielen, wieder, Beispiel
20. kurzer Vokal + Doppelkonsonant: *ll, mm, tt, bb, ff, nn, pp, rr, ss*
Affe, Waffe, schaffen, Ball, Stall, alle, fallen, Kamm, Stamm, sammeln,
Mann, nass, Klasse, Wasser, fassen, lassen, passen, glatt, satt, Blatt,
knabbern, schnappen,
treffen, hell, schnell, Quelle, stellen, brennen, kennen, nennen, rennen,
schleppen, Herr, Messer, essen, fressen, messen, nett, Bett, Brett, Fett,
klettern,
Schiff, schlimm, Himmel, Stimme, Zimmer, schwimmen, Sinn, tippen,
kippen, wissen, bitter, Gewitter, bitten,
offen, hoffen, toll, Wolle, rollen, sollen, wollen, Sommer, Trommel, kom-
men, Sonne, können, stoppen, Schloss, Gott,
dumm, krumm, dünn, müssen, Butter, Mutter, füttern

21. kurzer Vokal + Doppelkonsonant: *ck, tz*

Sack, nackt, Jacke, backen, packen, Dreck, Fleck, Schreck, Ecke, Decke, lecker, dick, schicken, Stock, trocknen, gucken, spucken, schlucken, Glück, Stück, zurück, rücken, drücken

Platz, Satz, Katze, kratzen, jetzt, setzen, Witz, Spitze, sitzen, plötzlich, Schmutz, putzen, benutzen, Mütze

WA = Wortart bestimmen (Groß-/Kleinschreibung)
Für diesen Lernbereich können alle Wörter des Modellwortschatzes benutzt werden.

WU = Ableitungen und Wortumformungen
22. Ableitungen, Auslautverhärtungen: *b, d, g, ig, s*

gelb, Dieb, Stab,

blöd, wild, rund, blind, blond, fremd, gesund, Rad, Kleid, Abend, Feind, Freund, Grund, Hund, Mund, Kind, Wind, Band, Hand, Land, Wand, Strand, Mond, Hemd, Bild, Geld, Wald,

klug, Tag, Berg, Krieg,

billig, wenig, fleißig, traurig, schwierig, fähig, ruhig, fertig, richtig, tüchtig, wichtig,

Glas, Gras, Hals

23. Silben trennendes *h* am Wortende

roh, froh, Floh, früh, Kuh, Schuh, nah, Reh, Geweih

24. schwierige Umformungen: *ä/äu, d, g*

ändern, Ärger, Geländer, hängen, Lärm, Mädchen, März, Gebäude, Geräusch, häufig, Säule, täuschen; genug, Gold, Sand

WZ = zusammengesetzte Wörter
Auf der Karteikartenrückseite sind zu den Grundwörtern viele zusammengesetzte Wörter aufgeführt. Daher können für diesen Lernbereich alle Wörter des Modellwortschatzes genutzt werden.

25. schwer zurückführbare Zusammensetzungen

eigentlich, Nachbar, Sonntag, Dienstag, Frühstück, Brombeere, Himbeere, rückwärts, zuerst

A = Ausnahmeschreibungen
26. *pf, mpf*

pfeifen, Pfennig, Pferd, pflanzen, Pflaster, pflücken, pflügen, Pfund, Apfel, Knopf, Kopf, Topf, Zopf, klopfen, stopfen, hüpfen, kämpfen, schimpfen, Sumpf, Strumpf

27. *v* am Wortanfang
Vater, Vetter, Vieh, Vogel, Volk, viel, vier, voll, vom, von, vor, vorne

28. *chs, ai, dt*
Dachs, Lachs, Fuchs, Ochse, Eidechse, sechs, Wachs, Achse, Büchse,
wachsen, wechseln,
Hai, Kai, Mai, Mais, Kaiser,
Stadt, verwandt

29. Doppelvokal
Aal, Haar, Paar, Saal, Waage, Fee, Klee, See, Tee, Schnee, Idee, leer, Meer,
Speer, Teer, Beet, Beere, Boot, doof, Moor, Moos, Zoo

30. lang gesprochenes [i] geschrieben als *i*
Bibel, Biber, Fibel, Igel, Tiger

31. Silben trennendes *h* nach *ei* und Dehnungs-*h*
leihen, Reihe, verzeihen
Mehl, wohl, kühl, Stuhl, Höhle, fehlen, fühlen, wählen, zählen, zahlen,
lahm, nehmen,
Bahn, Hahn, Huhn, Sohn, Zahn, zehn, ohne, Bohne, wohnen,
Jahr, wahr, Ohr, Uhr, fahren, führen, rühren, kehren, lehren, Verkehr,
während

32. Auslautverhärtung im Wort
Erbse, Herbst, hübsch, Jugend, niedlich, Obst, ordnen, Urlaub

F = Fremdwörter

33. steigender Diphthong
Linie, Familie, Ferien, Lineal, Etui, Ruine, Radio, Kakao, Aquarium,
Gymnasium, Studium

34. Fremdwörter mit *ch/c* am Wortanfang
Christ, Chor, Chaos, Chef, Chemie, checken,
Camping, Cartoon, Clown, Computer, Comic, clever, Container, Curry

35. Fremdwörter mit *v*, gesprochen als [v]
Advent, Klavier, Kurve, Vase, Ventil, Video, Vokal

36. Fremdwörter mit *y*
Baby, City, Hobby, Pony, Teddy, okay, Cowboy, Typ, Zylinder, Yacht

37. Fremdwörter mit *ph, rh, sh, th*
Alphabet, Katastrophe, Physik, Prophet, Strophe, Triumph,
Rhein, Rhythmus, Rhön,
Sheriff, Shop, Shorts, Show, T-Shirt,
Apotheke, Bibliothek, katholisch, Methode, Theater, Thema, Theorie,
Thermometer, Thron

38. Internationalismen
CD-Rom, Chip, Doktor, Jeans, Minister, Präsident, Professor, surfen, Telefon
39. typische Fremdwortvorsilben
exakt, Exil, Existenz, Expedition, Experiment, Explosion, Export, Intercity, Interesse, international, Internet, Interview, Kilogramm, Kilometer, Kilobyte, Kilowatt
40. typische Fremdwortendungen
brutal, egal, ideal, Lokal, national, neutral, Signal, sozial
Elefant, elegant, interessant, Konsonant, Restaurant, riskant
Karussell, Modell, sensationell, speziell
Dompteur, Ingenieur, Installateur, Redakteur
komplett, Kotelett, Quartett, Skelett, Tablett, violett, Omelett
addieren, dividieren, korrigieren, kritisieren, probieren, reservieren, trainieren, zensieren
Diskussion, Aggression, Kommunion, Million, Religion, Spion, Stadion, Nation, Lektion, Information, Konzentration
Apfelsine, Gardine, Kabine, Kantine, Lawine, Margarine, Maschine, Mine, Rosine, Violine
aggressiv, aktiv, Archiv, Motiv, naiv, negativ, objektiv, passiv, positiv, primitiv, relativ, Adjektiv, Akkusativ, Dativ, Genitiv, Infinitiv, Nominativ, Substantiv, Superlativ
Fabrik, Grammatik, Gymnastik, Klinik, Kritik, Mathematik, Musik, Panik, Politik, Technik
Elektrizität, Pubertät, Qualität, Universität

Grundübungen mit dem Modellwortschatz

Die Wörter des Modellwortschatzes können für verschiedene Übungen genutzt werden:

• Abschreibübung
• Partnerdiktat/Selbstdiktat
• Sortieraufgaben
• Suchaufgaben und Aufgaben zum Nachdenken

Zu diesen vier Grundübungen finden die Kinder auf der Vorderseite ein Bearbeitungspiktogramm. Dieses streichen die Kinder durch, wenn sie das Wort entsprechend bearbeitet haben.

Die Arbeit mit einem Modellwortschatz unterscheidet sich grundlegend von der Wörterarbeit mit einer herkömmlichen Lernkartei. Bei einer Lernkartei werden die Wörter mehrfach (meist auf gleiche Weise) mit dem Ziel geübt, dass die Kinder lernen, *dieses* geübte Wort richtig zu schreiben. Nach diesem Prinzip ist auch das Üben mit der Fünf-Fächer-Lernkartei aufgebaut.

Der Sinn der Übungen mit einem Modellwortschatz ist es, dass die Kinder ein bestimmtes Konstruktionsprinzip der Rechtschreibung immer wieder anwenden und damit verinnerlichen, also ein Rechtschreibgespür entwickeln. Darüber hinaus sollen die Kinder durch Such- und Sortieraufgaben die Wörter nach bestimmten Verschriftungsprinzipien ordnen und Regelhaftigkeiten selbst herausfinden (Eigenregeln formulieren). Der Modellwortschatz bietet den Kindern ein Lern- und Erfahrungsangebot, das sie für die verschiedenen Lernbereiche nutzen können.

Bei der Auswahl der Übungen lassen sich die Kinder von den Lernbereichen (s. S. 168 ff.) leiten. Die Übungen zu einem Lernbereich werden nur so lange durchgeführt, bis das Kind die Rechtschreibprinzipen dieses Lernbereichs verinnerlicht hat und keine Verschreibungen mehr in diesem Lernbereich vorkommen.

Für die Arbeit mit dem Modellwortschatz braucht jedes Kind einen Kartensatz des Modellwortschatzes und einen Karteikasten. Der Karteikasten sollte so groß sein, dass etwa 1000 Karteikarten darin Platz haben.

Der Karteikasten wird in drei Fächer unterteilt. Das erste Fach enthält die Wörterkarten, die von dem Kind gerade bearbeitet werden. Im zweiten Fach werden die fertig bearbeiteten Karten abgelegt. Im letzten Fach (Rumpelkammer) sammeln die Kinder Wörter, deren Schreibung sie sich noch nicht erklären können. Im LRS-Förderkurs ab Klasse 4 können die Kinder hier auch jene Wörter sammeln, bei denen sie zuvor Fehler gemacht haben.

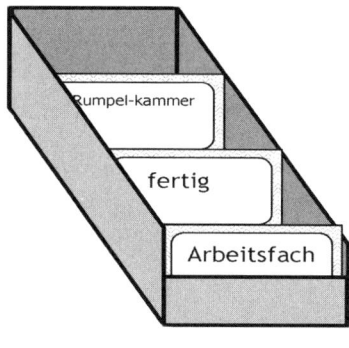

Zunächst werden alle Wortkarten eines Lernbereichs (z. B. alle Karteikarten aus dem Lernbereich LB) in das „Arbeitsfach" gelegt.

Mit den Kindern werden nun die verschiedenen Übungsformen (z. B. abschreiben, Partnerdiktat, Sortierübung) eingeübt. Jede einzelne Übung sollte mit den Kindern so lange eingeübt werden, bis der Übungsablauf von ihnen sicher beherrscht wird.

Bei jeder Übung sortieren die Kinder die bearbeiteten Wörterkarten in das Fach „fertig". Beginnen sie mit einer neuen Übung, werden alle Wörter zurück ins „Arbeitsfach" gelegt. Da die Kinder auf der Vorderseite der Karteikarte bei jeder Übung, die sie durchgeführt haben, das dazugehörige Piktogramm durchgestrichen haben, können sie jederzeit mit einer Übung weiterarbeiten, auch wenn die Karteikarten durch eine andere Übung in der Zwischenzeit vermischt wurden.

Durch diese Vorgehensweise wird es möglich, dass die Kinder mit den Wörtern verschiedene Übungen durchführen, bis sie in einem bestimmten Lernbereich sicher sind. Andererseits brauchen die Kinder aber auch keine Wörter zu üben, die sie im Prinzip schon richtig schreiben (konstruieren) können. Damit werden unnötige Übungen und Übungen an Wörtern, die von den Kindern schon sicher richtig geschrieben werden können, vermieden.

Sortieraufgabe – Partnerarbeit

Die Wirksamkeit der Abschreibübungen wird verstärkt, wenn Kinder durch gezielte Arbeitsaufträge Wörterlisten mit bestimmten Rechtschreibphänomenen selbst erstellen. Dabei wird die Aufmerksamkeit des Kindes auf ein spezifisches Phänomen ausgerichtet. Diese aktive Auseinandersetzung ist viel ertragreicher als das Abschreiben vorgefertigter Wörterlisten. Am besten ist es, diese Übungen in Partnerarbeit durchführen zu lassen. Dabei sprechen sich die Kinder abwechselnd die Wörter des Modellwortschatzes vor. Ein Kind liest das Wort, das andere Kind spricht das Wort nach und löst die Aufgabe. Das erste Kind kontrolliert die Lösung anhand der Schreibung oder durch die Lösungshilfen auf der Karteikartenrückseite.

Beispiele für Arbeitsaufträge aus den verschiedenen Lernbereichen:
*   *Lernbereich LB – Laut-Buchstaben-Zuordnung*
    – Findet Wörter, in denen ihr ein [ʃ] hört (und *sch* geschrieben wird)!
    Schule, *Wäsche, Fisch*
    Findet Wörter, in denen ihr ein [ʃ] hört (und kein *sch* geschrieben wird)!
    Spinne, Stein
    Findet Wörter, in denen ihr ein [ɐ] am Wortende hört (und *er* geschrieben wird)! *Bruder, aber*
    Findet Wörter, in denen ihr ein [ç] wie in dem Wort *Teich* hört! *Teich, Bücher, Licht*
*   *Lernbereich LD – sprachliche Durchgliederung der Wörter*
    Findet Wörter, in denen ihr ein *r* schreibt, aber dieses [r] nicht sprecht! *Orgel, Zwerg, Garten*
    Findet Wörter, in denen ihr zwei Vokale getrennt sprecht (und dazwischen ein *h* geschrieben wird)! *gehen, blühen, nähen*

- *Lernbereich LV – kurz und lang gesprochene Vokale*
  Findet Wörter, in denen der Vokal [iː] lang gesprochen (und mit *ie* geschrieben wird)! *W<u>ie</u>se, sch<u>ie</u>ben, Kn<u>ie</u>*
  Findet Wörter, in denen der Vokal [ɛː] lang gesprochen (und mit *ä* geschrieben) wird! *K<u>ä</u>fer, K<u>ä</u>fig, Tr<u>ä</u>ne*
  Findet Wörter, in denen ihr ein [t] hört, aber zwei *t* geschrieben werden!
  Mu<u>tt</u>er, We<u>tt</u>er, Wa<u>tt</u>e
- *Lernbereich WU – Wörter umformen und ableiten*
  Findet Wörter, in denen ihr am Ende ein [t] hört (und ein *d* geschrieben wird)! *Han<u>d</u>, run<u>d</u>, Lie<u>d</u>*
  Findet Wörter, in denen ihr in der Grundform ein [a] und in der Ableitung ein [ɛ] hört! *Hand – Hände, Strand – Stände*
- *Lernbereich WZ – Wörter zusammensetzen und zerlegen, Wortbildung*
  Findet Verben, die ihr mit der Vorsilbe *ver-* zu einem neuen Wort verändern könnt! *kaufen – verkaufen, schreiben – verschreiben*
  Findet Wörter, die ihr mit der Nachsilbe *-ung* zu einem sinnvollen neuen Wort verändern könnt! *schreiben – Schreibung, lesen – Lesung* oder auch: *Hut – verhüten – Verhütung*
  Um die Handhabung der Sortieraufgabe zu vereinfachen, ist es sinnvoll, den Kindern für die Aufgabe passende Sortiertafeln zur Verfügung zu stellen. Diese können allgemein gehalten werden und lediglich aus einem „Ja-Feld" und einem „Nein-Feld" bestehen.

Es ist wichtig, die Sortieraufgaben immer durch eine Schreibaufgabe zu ergänzen: *Schreibe die gefundenen Wörter als Wörterliste auf!* Auf der Karteikarte streichen die Kinder das Bearbeitungssymbol für die Sortieraufgabe erst dann durch, wenn das Wort geschrieben wurde. Wenn das Wort bei mehreren Suchaufgaben gefunden und geschrieben wurde, werden die Piktogramme für die Suchaufgabe mehrfach durchgestrichen.

Die Sortieraufgaben sind die wichtigsten und ertragreichsten Übungen mit dem Modellwortschatz. Da hier die Aufmerksamkeit der Kinder auf ein spezifisches Phänomen der Rechtschreibung ausgerichtet wird, können sie leicht ein Gespür für dieses Phänomen entwickeln.

Diese Übung ist dann besonders wirksam, wenn …

- das Wort deutlich vorgesprochen wird.
  So nutzen die Kinder diese Übung zugleich auch als Sprachübung zur Ausbildung einer hochdeutschen und deutlichen Aussprache.
- das Wort deutlich nachgesprochen wird.
  Das Nachsprechen des Wortes ist als Korrektiv für das Vorsprechen äußerst wichtig. Es führt zudem dazu, dass die Kinder die Suchaufgabe

nicht vom *Hören*, sondern vom selbst gesprochenen Wort ausgehend lösen.

- die Aufmerksamkeit auf ein bestimmtes Phänomen ausgerichtet wird. Diese Umorientierung der Aufmerksamkeit wird durch die Entscheidung, ob das gesuchte Phänomen im Wort vorkommt oder nicht, erreicht.
- die aussortierten Wörter anschließend geschrieben werden. Indem die Kinder die aussortierten Wörter schreiben, können sie das zuvor durch die Sprech- und Sortierübung gestärkte Sprachgespür zu einem Rechtschreibgespür weiterentwickeln.

In der Einführungsphase sollte der genaue Ablauf der Übung so eingeübt werden, dass er von den Kindern automatisiert wird. Der Ablauf lässt sich durch *Signalwörter* strukturieren. Beispiel:

- vorsprechen: Kind 1 liest das Wort deutlich vor.
- nachsprechen: Kind 2 spricht das Wort deutlich nach.
- entscheiden: Kind 2 entscheidet, ob der gesuchte Laut/Buchstabe usw. in dem Wort vorkommt oder nicht.
- schreiben: Die Kinder schreiben die aussortierten Wörter als Wörterliste auf und sprechen beim Schreiben mit. Gegebenenfalls kann auch die besondere Stelle im Wort noch zusätzlich farbig unterstrichen werden.

Wenn Kinder diesen Ablauf nicht korrekt durchführen, setze ich mich für eine kurze Zeit neben sie und spreche die *Signalwörter*. Damit bekommen sie eine erneute Anleitung zum Ablauf der Übung. Dieses *Vormachen* korrigiert das Arbeitsverhalten sehr viel wirksamer als jede Ermahnung (*Das ist falsch, wie ihr das macht …*) oder Korrektur (*Ich zeige euch noch einmal, wie ihr es richtig machen sollt …*).

Literatur und Materialien

Eine differenzierte Beschreibung der Arbeit mit Modellwörtern finden Sie in meinem Buch Rechtschreiben lernen mit Modellwörtern (s. S. 163). In diesem Buch sind auch zahlreiche Wörterlisten zu den Besonderheiten und Ausnahmen der deutschen Rechtschreibung enthalten.

Fertige Wörterkartern mit einem Modellwortschatz können über den Collishop (www.collishop.de) bezogen werden. Wörterlisten zum Üben finden Sie auch bei Heiko Balhorn und einen Wortschatz, der nach verschiedenen Rechtschreibphänomenen geordnet ist, und aus dem Sie eigene Übungswörterlisten erstellen können, finden Sie bei Carl Ludwig Naumann (vollständige Angaben s. S. 162).

7.7   Korrekturtechniken

Wenn wir Erwachsene etwas schreiben, dann denken wir in der Regel nicht über die Rechtschreibung nach. Wir schreiben „drauflos", bis wir an ein Wort kommen, bei dem wir nicht ganz sicher sind, wie es geschrieben wird. Bei diesen wenigen Wörtern fangen wir an zu überlegen und nutzen dabei eine Reihe von Tricks (Wortart bestimmen, Wörter ableiten oder verlängern, Wörter umformen oder zerlegen, Wörterbuch benutzen). Da LRS-Schüler und -Schülerinnen bei fast jedem Wort unsicher sind, überlegen sie bei keinem und schreiben immer drauflos.

Der Aufbau eines Rechtschreibgespürs über die schrittweise Aneignung der Lernbereiche und die Arbeit mit Rechtschreibmodellen (Modellwortschatz) durchbricht bei den Kindern diese „allgemeine Verunsicherung". Erst jetzt wird es möglich, die „verbleibende Verunsicherung" für ein gezieltes Nachdenken über die richtige Schreibung eines Wortes zu nutzen. Mit Hilfe verschiedener Korrekturtechniken werden den Schülerinnen und Schülern Möglichkeiten aufgezeigt, wie sie sich im Zweifelsfalle die richtige Schreibweise erschließen können.

Die Korrekturtechniken können nur dann mit Ertrag eingesetzt werden, wenn sich die Kinder im Allgemeinen sicher fühlen. Die Vermittlung einer professionellen Textkorrektur ist daher der letzte Schritt in der LRS-Förderung.

Für die Bearbeitung der Texte der Kinder oder eines Diktattextes hat sich die „3-Wege-Technik" als besonders ertragreich erwiesen. Als Hilfsmittel können Kinder für die Textkorrektur eine besondere Korrekturkarte verwenden. Diese hilft ihnen, die Einzelschritte einzuhalten und gibt zugleich Hinweise, was man tun kann, wenn man bei der Schreibung eines Wortes nicht sicher ist.

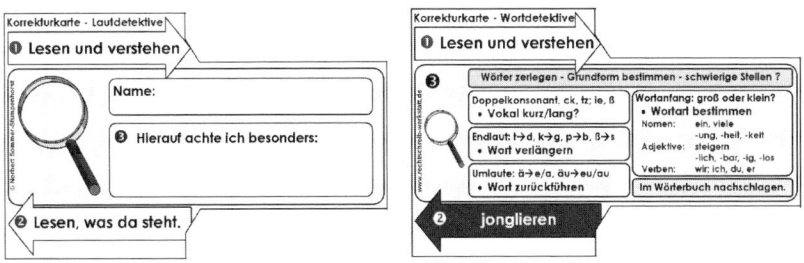

Abb. Beispiel für eine Korrekturkarte
Vorderseite (links): Korrektur auf der Lautebene (nach Lernbereich LB/LD).
Rückseite (rechts): Korrektur auf der Wortebene (Lernbereiche WA, WU, LV, WZ).

1. Schritt: Lesen und verstehen

Wenn Kinder ihre eigenen Texte überarbeiten, dann geht es im ersten Schritt darum, den Text noch einmal (am besten laut) zu lesen. Dabei sollen die Kinder ihr Sprachgespür nutzen und sprachliche „Ungereimtheiten" wie z. B. Verstöße gegen die Syntax finden.

Beim Vorlesen des Textes nach einem Diktat werden die Schülerinnen und Schüler im ersten Korrekturschritt angehalten, nur darauf zu achten, ob sie alle Satzzeichen richtig gesetzt und den Text vollständig haben. Falschschreibungen und fehlende Textstellen werden nur kurz markiert und anschließend bearbeitet.

2. Schritt: Lesen, was da steht – mit Wörtern jonglieren

In einem zweiten Korrekturschritt sollen die Schülerinnen und Schüler den Text Wort für Wort bearbeiten und genau lesen, was sie geschrieben haben. Damit sie nicht zu schnell über den Text hinweglesen, werden sie angehalten, den Text Wort für Wort von hinten nach vorne zu bearbeiten. Hierfür nutzen sie die Korrekturkarte, die so auf den Text gelegt wird, dass der Text nach oben hin abgedeckt wird und nur das letzte Wort in dem ausgeschnittenen Fenster (unten rechts) zu sehen ist. Abhängig vom jeweiligen Lernbereich konzentrieren die Kinder dabei ihre Aufmerksamkeit auf das, was sie in dem Lernbereich gerade geübt haben (s. hierzu die Übersicht S. 168 ff.).

- Lernbereich LB/LD: Lies genau, was da steht.
- Lernbereich LV: Überprüfe, ob die Vokale lang oder kurz gesprochen werden.
- Lernbereich WA: Bestimme die Wortart.
- Lernbereich WU: Bilde von dem Wort das Kontrollwort. Verlängere das Wort.
- Lernbereich WZ: Zerlege längere Wörter in ihre Bestandteile (Wortstamm, Vorsilben, Endungen, zusammengesetzte Wörter)
- Lernbereich AF: Schlage das Wort im Wörterbuch nach.

Auf diese Weise können die Kinder Schritt für Schritt eine professionelle Korrekturkompetenz aufbauen und ihre Verschreibungen finden. Das genaue Lesen eines jeden einzelnen Wortes führt auch dazu, dass die Kinder Verschreibungen in jenen Wörtern finden, die sie im Prinzip richtig schreiben können (so genannte Flüchtigkeitsfehler).

Mit zunehmender Rechtschreibsicherheit sollten die Kinder auch lernen, ihre Verunsicherungen beim Schreiben fruchtbar zu nutzen. Sie sollten daher konsequent ermutigt werden, jene Wörter, bei denen sie unsicher sind, im Wörterbuch nachzuschlagen.

Es ist wichtig, das Nachschlagen in einem Wörterbuch auch bei Klassenarbeiten ausdrücklich zuzulassen (und natürlich die gefundenen Verschreibungen auch nicht nachträglich als Fehler zu bewerten). Auf diese Weise bestärken Sie die Schüler darin, ihre Verunsicherung wahrzunehmen und fruchtbar zu nutzen.

3. Schritt: Auf Besonderheiten achten

Wenn sich bei einer Schülerin oder bei einem Schüler typische Schwierigkeiten herausstellen, kann das Kind angehalten werden, den Text noch einmal auf seine individuellen Schwierigkeiten hin zu untersuchen. Einige Kinder verwechseln noch immer die harten und weichen Konsonanten (g/k, b/p, d/t), andere schreiben verstärkt Nomen klein oder tendieren dazu, überall ein Dehnungs-h einzufügen. Die Bearbeitung individueller Schwierigkeiten sollte auf Grund der Textanalyse mit jedem Kind im Förderunterricht einzeln besprochen werden.

Literatur und Materialien

Vorgefertigte Korrekturkarten aus stabilem Kunststoff können Sie im Collishop (www.collishop.de) beziehen. Dort finden Sie auch Übungsmaterialien zur Textkorrektur, wie z. B. verfremdete Texte, anhand derer die Kinder die einzelnen Korrekturtechniken einüben können.

Es fällt schwer, eine eindeutige Empfehlung bei Wörterbüchern zu geben. Wörterbücher für die Grundschule haben oft den Nachteil, dass hier nur ein sehr begrenzter Wortschatz zur Verfügung gestellt wird. Gerade Fremdwörter oder Wörter aus der Szenesprache der Kinder sind dort oft nicht zu finden. Umfangreichere oder Wörterbücher für Erwachsene erschweren dagegen vielen Kindern das schnelle Finden eines Wortes. Manche Kinder benötigen Wörterbücher mit Erklärungen zu den einzelnen Wörtern, da ihnen der entsprechende Wortschatz fehlt. Für andere Kinder sind zusätzliche Wörterlisten zu spezifischen Rechtschreibphänomenen hilfreich. Es gibt kein Wörterbuch, dass zu allen Kindern passt. Am besten ist es, wenn Sie in der Klasse verschiedene Wörterbücher zur Verfügung stellen. Die Kinder können dann selbst ausprobieren, mit welchem Wörterbuch sie am besten zurecht kommen.

Eine differenzierte Beschreibung der Arbeit mit Wörterbüchern finden Sie in meinem Artikel Textkorrektur (s. vollständige Angabe S. 163).

7.8   Computereinsatz in der Förderung

Inzwischen gibt es eine Vielzahl von Rechtschreib-Übungsprogrammen. Leider entsprechen die meisten Programme nicht den Anforderungen, die an eine pädagogisch sinnvolle Software zu stellen sind. Das Hauptproblem bei vielen Förderprogrammen ist, dass hier eine Sekundärmotivation aufgebaut wird, z. B. im Spiel Punkte sammeln, die später gegen „Belohnungen" eingetauscht werden können. Hierdurch wird die Aufmerksamkeit des Kindes vom eigentlichen Lernziel, Wörter richtig schreiben zu wollen, abgelenkt. Solche „Lernspiele" sind in aller Regel für die Kinder nur kurzzeitig interessant und führen bei massiven Schwierigkeiten selten zu einem längerfristigen Erfolg.

Eine weitere Gruppe von Übungsprogrammen greift auf wenig effiziente Lernmethoden, wie z. B. Lückenwörter, Wörter raten, Worträtsel usw. zurück und sind somit nicht für LRS-Schülerinnen und -Schüler geeignet.

Es gibt einige wenige Programme, die auf solches Beiwerk verzichten und sich daher auch für die schulische oder häusliche Förderung nutzen lassen. Die meisten Programme sind so aufgebaut, dass ein Wort auf dem Bildschirm gezeigt wird und anschließend von der Schülerin oder dem Schüler über die Tastatur eingegeben werden soll. Im Prinzip also eine reine Abschreibübung. Ertragreich – und darin liegt der wesentliche Unterschied zwischen den Programmen – sind Programme dann, wenn

- die zu übenden Wörter nach Rechtschreibphänomenen geordnet geübt werden können,
- der Computer eine direkte Rückmeldung darüber gibt, ob das Wort richtig geschrieben wurde,
- angemessene Hilfen zur Verfügung stellt,
- den Lernverlauf des Kindes über einen längeren Zeitraum hinweg protokolliert und qualitativ auswertet und
- auf dieser Grundlage dem Kind Anregungen für das weitere Üben gegeben werden.

Der Vorteil des Computers liegt in der konsequenten, objektiven und wertneutralen Rückmeldung sowie in der kontinuierlichen Lernverlaufskontrolle. Als „neues Medium" übt er noch immer auf die meisten Schülerinnen und Schüler eine besondere Faszination aus. Er ist daher auch ein gutes Hilfsmittel für die Förderung von Kinder mit massiven Misserfolgsorientierungen.

Unabdingbar für ein effizientes Lernen am Computer ist, dass Kinder zuvor lernen, mit zehn Fingern zu schreiben.

Für Schülerinnen und Schüler mit nicht mehr ganz so großen Schwierigkeiten sind auch normale Textverarbeitungsprogramme mit Rechtschreibprüfungen hilfreich. Wenn Kinder eigene Texte schreiben, sollten Sie die Rechtschreibkorrektur jedoch zunächst ausschalten, damit die Kinder nicht in ihrem freien und kreativen Schreiben durch die Korrekturhinweise abgelenkt werden. In einem zweiten Schritt können die Kinder dann ihren Text noch einmal überarbeiten und hierfür die Rechtschreibkorrekturhilfe nutzen. Dabei muss den Kindern jedoch auch immer wieder deutlich gemacht werden, dass die Rechtschreibprüfprogramme keineswegs alle Verschreibungen finden können.

Trainingsprogramme

Wegen der vielen Mängel, die den meisten Trainingsprogrammen noch immer anhaften, ist es zurzeit nicht möglich, bestimmte Trainingsprogramme hervorzuheben und zu empfehlen.

Selbst für Profis ist der Softwaremarkt kaum noch zu überblicken. Die aus Kostengründen vom Land NRW aufgegebene SODIS-Datenbank, in der über 800 Lernprogramme erfasst und nach pädagogisch-didaktischen Kriterien besprochen wurden, bietet in seiner Neuauflage (deutsches Medienzentrum FWU) einen eher bescheidenen Überblick über die aktuelle Lernsoftware (www.sodis.de). Interessant sind jedoch die vielen Links zu Programmbesprechungen und -bewertungen, vornehmlich Links zu den Bildungsservern der Bundesländer. Hierüber erhalten Sie sehr viele Informationen zum Computereinsatz in der Grundschule und zu Lernprogrammen. Über die Links auf der Internetseite der SODIS-Datenbank gelangen Sie übrigens viel schneller zu den entsprechenden Übersichtsseiten auf den Bildungsservern der Länder. Einen umfangreichen Überblick, wenngleich auch ohne pädagogische Wertung, finden Sie auch im „bildungssoftwareatlas" (www.bs-atlas.de).

Anhang

Quellen, Literatur

Verwendete und zitierte Literatur

Akademie für Lehrerfortbildung und Personalführung: Lese-Rechtschreib-Schwierigkeiten. Auer-Verlag, Donauwörth 2005

ALTENBURG, ERIKA: Wege zum selbständigen Lesen. Cornelsen Scriptor, Berlin 2004

ANGERMEIER, MICHAEL (Hrsg.): Legasthenie. Fischer-Verlag, Frankfurt a. M. 1976, 346

ANGERMEIER, MICHAEL: Sprache und Konzentration bei Legasthenie. Hogrefe-Verlag, Göttingen 1974

ANGERMEIER, MICHAEL: Legasthenie – Verursachungsmomente einer Lernstörung, Beltz, Weinheim 1974

AYRES, ANNA J.: Bausteine der kindlichen Entwicklung. Springer-Verlag, Berlin 2002

BALHORN, HANS/BRÜGELMANN, HANS: Rätsel des Schriftspracherwerbs. Libelle-Verlag, Lengwil 1995

BALHORN, HEIKO: Wörterlisten wlt 1 bis wlt 6 (für die Schuljahre 1 bis 6). Verlag für pädagogische Medien, Hamburg 1993 bis 2005

BARTH, KARLHEINZ/GOMM, BERTHOLD: Gruppentest zur Früherkennung von Lese- und Rechtschreibschwierigkeiten. Reinhardt-Verlag, München 2004

BARTH, KARLHEINZ: Lernschwächen früh erkennen. Im Vorschul- und Grundschulalter. Reinhardt-Verlag, München 2003

BETZ, DIETER/BREUNINGER, HELGA: Teufelskreis Lernstörungen. Beltz Psychologie Verlags Union, Weinheim 1998

BIGLMAIER, FRANZ: Lesestörungen. Diagnose und Behandlung. Reinhardt-Verlag, München 1971

BLUMENSTOCK, LEONHARD: Handbuch der Leseübungen. 5. überarbeitete Auflage; Beltz Praxis, Weinheim und Basel 1995

BREDEL, URSULA/GÜNTHER, HARTMUT u. a. (Hrsg): Didaktik der deutschen Sprache, Band 1 und Band 2. Schöningh, Paderborn 2003

BREITENBACH, ERWIN/LENHARD, WOLFGANG: Aktuelle Forschung auf der Suche nach neurobiologischen Korrelaten der Lese-Rechtschreib-Störung. In: Zeitschrift für Kinder- und Jugendpsychiatrie und Psychotherapie, 29(3), 167–177, 2001

BRENNER, GERD/BRENNER, KIRA: Fundgrube – Methoden I – Für alle Fächer. Cornelsen Scriptor, Berlin 2005

BREUER, HELMUT/WEUFFEN, MARIA: Gut vorbereitet auf das Lesen- und Schreibenlernen? Berlin 1986

BREUER, HELMUT/WEUFFEN, MARIA: Lernschwierigkeiten am Schulanfang. Beltz, Weinheim 2004

BREUNINGER, HELGA/BETZ, DIETER: Jedes Kind kann schreiben lernen. Beltz, Weinheim 1996

BRÜGELMANN, HANS/BRINKMANN, ERIKA: Die Schrift erfinden. Libelle-Verlag, Lengwil 1998

BRÜGELMANN, HANS: Kinder auf dem Weg zur Schrift. Libelle-Verlag, Lengwil 2000

BRÜGELMANN, HANS: Kinder lernen anders vor der Schule, in der Schule. Libelle-Verlag, Lengwil 1998

BRUNNER, REINHARD: Hörst du die Stille. Kösel, München 2001

BURNETT, GARRY/JARVIS, KAY: So helfeich meinem Kind beim Lernen. Verlag an der Ruhr, Mühlheim/Ruhr 2005

CWIK, GABRIELE/RISTERS, WILLI: Lernen lernen von Anfang an. Band 1: Individuelle Methoden trainieren. Band 2: Kommunikation und Kooperation. Cornelsen Scriptor, Berlin 2004

DELACATO, CARL H.: Ein neuer Start für Kinder mit Lesestörungen. Hyperion-Verlag, Freiburg im Breisgau 1973

DUMMER, LISA: Legasthenie, Bericht über den Fachkongress 1986. Bundesverband Legasthenie e.V., Hannover 1987

DUMMER, LISA/HACKETHAL, RENATE: Kieler Leseaufbau – Handbuch und Anweisung. Veris Verlag, Kiel 2002

EICHHORN, ANKE/PELZEDER, GABRIELE: Komm mit, wir wollen spielen, malen, singen lernen. Auer, Donauwörth 2006

ENDRES, WOLFGANG/BERNARD, ELISABETH: Methodik-Ordner Grundschule. Beltz, Weinheim 2005

ENDRES, WOLFGANG: Anti-Pauk-System (Klasse 5–10). Beltz, Weinheim 2004

ENDRES, WOLFGANG: So macht Lernen Spaß. Beltz, Weinheim 2005

ENDRES, WOLFGANG/GESSLER, REGULA/EICHENBERGER, JÖRG: Werkstatt: Lernen. Beltz, Weinheim 2002

ENDRES, WOLFGANG/JANAK, HEINRICH/EICKMANN, NORBERT: Lernen mit Kniff und Pfiff. 7 Pillen gegen Lernstress 9–13 Jahre. Beltz, Weinheim 2004

FIRNHABER, MECHTHILD: Legasthenie und andere Wahrnehmungsstörungen. Fischer Taschenbuchverlag, Frankfurt 2005

GALABURDA, A.M./Geschwind, N.: zitiert nach einem Vortrag von Galaburda auf dem Bundeskongress Legasthenie 1986. Zusammenfassung dieses Vortrages in Dummer, L. 1987, 17 ff.

GARTH, MAUREEN: Sonnenschein-Phantasiereisen für Kinder. Aurum-Verlag, Bielefeld 1998

GRISSEMANN, HANS: Von der Legasthenie zum gestörten Schriftspracherwerb. Huber, Bern 1996

GRÖSSING, NIKOLAUS und STEFAN: Kinder brauchen Bewegung, ein Leitfaden für Eltern und Erzieher. Limpert-Verlag, Wiesbaden 2002

GRÜTTNER, TILO: Legasthenie ist ein Notsignal. Hamburg 1980, 23

HEUSS, GERTRAUD E.: Sehen Hören Sprechen. Ravensburger Buchverlag, Ravensburg 2006

HINSHELWOOD, J.: Congenital wordblindness. London 1917

HINSHELWOOD, J.: Letter- and worldblindness. London 1900

HIRLER, SABINE: Wahrnehmungsförderung durch Rhythmik und Musik. Herder, Freiburg 2006

HOLT, JOHN: Aus schlauen Kindern werden Schüler … Von dem, was in der Schule verlernt wird. Beltz, Weinheim 2004

HOLT, JOHN: Wie Kinder lernen. Beltz, Weinheim 1971

KELLER, GUSTAV: Ich will nicht lernen! Huber, Bern 2003

KELLER, GUSTAV: Lernen will gelernt sein! Ein Lerntraining für Schüler. Quelle & Meyer, Wiebelsheim 2003

KELLER, GUSTAV: Lerntechniken von A bis Z. Huber, Bern 2005

KERN, HORST J.: Alles Gute für mein Kind, Herder, Freiburg 1986

KLICPERA, CHRISTIAN/GASTEIGER-KLICPERA, BARBARA: Psychologie der Lese- und Schreibschwierigkeiten. Beltz, Weinheim 1998

KMK-Beschluss 4.12.2003: Grundsätze zur Förderung von Schülerinnen und Schülern mit besonderen Schwierigkeiten im Lesen und Rechtschreiben.

KONIETZKO, CHRISTA: Sing-, Kreis-, Finger- und Bewegungsspiele. HVA Schindele, Heidelberg 1990

KROWATSCHEK, DIETER/ALBRECHT, SYBILLE/KROWATSCHEK, GITA: Marburger Konzentrationstraining (MZK) für Schulkinder. Verlag Modernes Lernen, Dortmund 2004

KÜSPERT, PETRA/SCHNEIDER, WOLFGANG: Hören, lauschen, lernen. Vandenhoeck & Ruprecht, Göttingen 2006

KUSSMAUL, A.: Die Störungen der Sprache. In: Ziemssen, H. (Hrsg.): Handbuch der Speziellen Pathologie und Therapie, 12. Leipzig 1877

LAUTH, GERHARD W./SCHLOTTKE, PETER F.: Training mit aufmerksamkeitsgestörten Kindern. Beltz, Weinheim 2002

LINDER, MARIA: Über Legasthenie (spezielle Leseschwäche). Zeitschrift für Kinderpsychiatrie, 1951, 17, 97

MAAS, UTZ: Phonologie. Westdeutscher Verlag, Wiesbaden 1999

MALMQUIST, E./VALTIN, R.: Förderung legasthenischer Kinder in der Schule. Beltz, Weinheim und Basel 1974

MANN, CHRISTINE/OBERLÄNDER, HILKE/SCHEID, CORNELIA: LRS Legasthenie. Beltz, Weinheim 2001

MERTENS, KRISTA/WASMUND-BODENSTADT, UTE: Zehn Minuten Bewegung. Verlag Modernes Lernen, Dortmund 2006

MONSCHEIN, MARIA: Spiele zur Sprachförderung, Band 1 und 2. Don Bosco Verlag, München 2003/1998

MORGAN, W. P.: A case of congenital worldblindness. British Medical Journal, 1896, 7, 1378

MÜLLER, ELSE: Du spürst unter deinen Füßen das Gras. Fischer Verlag, Frankfurt a. M. 2000

NAEGELE, INGRID M./VALTIN, RENATE (Hrsg.): LRS – Legasthenie – in den Klassen 1–10, Band 1: Grundlagen und Grundsätze der Lese-Rechtschreib-Förderung. Beltz, Weinheim 2003

NAEGELE, INGRID M./VALTIN, RENATE (Hrsg.): LRS in den Klassen 1–10, Band 2: Schulische Förderung und außerschulische Therapien. Beltz, Weinheim 2000

NAUMANN, CARL LUDWIG: Orientierungswortschatz, Beltz Praxis, Weinheim 1999

NIEMEYER, WILHELM: Legasthenie und Millieu. Schrödel, Hannover 1982

OTT, ERNST: Optimales Lesen. Rowohlt, Reinbek 2005

OY VON, CLARA MARIA/SAGI, ALEXANDER: Lehrbuch der heilpädagogischen Übungsbehandlung. Universitätsverlag Winter, Heidelberg 2002

PENNINGTON UND SMITH: zitiert nach einem Vortrag von E. Klasen auf dem Bundeskongress Legasthenie 1986. Zusammenfassung dieses Vortrages in Dummer, L. 1987, 37 ff.

PHELAN, THOMAS W.: Die 1-2-3-Methode für Eltern. Verlag an der Ruhr, Mühlheim/ Ruhr 2005

PHELAN, THOMAS W.: Die 1-2-3-Methode für Lehrer. Verlag an der Ruhr, Mühlheim/ Ruhr 2005

RAMACHER-FAASEN, NICOLE:Lese-Rechtschreib-Schwierigkeiten. Dieck-Verlag,Heinsberg 1997

RANSCHBURG, P.: Die Lese- und Schreibstörungen des Kindesalters. Halle 1928

RANSCHBURG, P.: Die Leseschwäche (Legasthenie) und Rechenschwäche (Arithmasthenie) der Schulkinder im Lichte des Experimentes. Berlin 1916

REFAY, HASSAN: Stecki 401 – Entspannung und Konzentration durch Geschichten für Jungen und Mädchen ab 5 Jahren. 12 Kassetten bzw. CDs; www.stecki401.com

REUTER-LIEHR, CAROLA: Lautgetreue Lese-Rechtschreibförderung; Band 1: Winkler-Verlag, Bochum 2001

ROSENKÖTTER, HENNING: Neuropsychologische Behandlung der Legasthenie. Beltz, Weinheim 1997

SCHEERER-NEUMANN, GERHEID: Lese-Rechtschreibschwierigkeiten: Analyse und Förderung. Potsdamer Studien zur Grundschulforschung, Potsdam 2002

SCHENK-DANZINGER, LOTTE: Handbuch der Legasthenie im Kindesalter. Beltz, Weinheim/Basel 1975

SCHENK-DANZINGER, LOTTE: Legasthenie. Zerebral-funktionelle Interpretation, Diagnose und Therapie. Reinhardt-Verlag, München/Basel 1984/1991

SCHILLING, FRIEDHELM: Spielen, Malen, Schreiben, Marburger Graphomotorische Übungen. Verlag Modernes Lernen, Dortmund 2004

SCHLEE, JÖRG: Zur Erfindung der Legasthenie. Bildung und Erziehung 1974, 27, 289

SCHMALOHR, EMIL: Psychologie des Erstlese- und Schreibunterrichts. München/ Basel 1964

SCHULTE-KÖRNE, GERD: Legasthenie. Winkler-Verlag, Bochum 2002

SCHULTE-KÖRNE, GERD/REMSCHMIDT, HELMUT: Legasthenie – Symptomatik, Diagnostik, Ursachen, Verlauf und Behandlung. In: Deutsches Ärzteblatt 100, Ausgabe 7, 2003

SCHWINGHAMMER, HERBERT: Legasthenie; Weltbild, Augsburg 1999

SIRCH, K.: Der Unfug mit der Legasthenie. Klett, Stuttgart 1975

SOMMER, ERIKA: Diktat: Note 6. Klett, Stuttgart 1972, 60

SOMMER-STUMPENHORST, NORBERT: Textkorrektur auf der Wortebene. Collishop, Beckum 2004

SOMMER-STUMPENHORST, NORBERT: Rechtschreiben lernen mit Modellwörtern. Cornelsen Scriptor, Berlin 2005

SOMMER-STUMPENHORST, NORBERT: Laute heraushören, Laute zusammenfügen. Collishop, Beckum 2006

SOMMER-STUMPENHORST, NORBERT/HÖTZEL, MARTINA: Richtig schreiben lernen – von Anfang an. Cornelsen Scriptor, Berlin 2001

SPITTA, GUDRUN: Legasthenie gibt es nicht. Cornelsen Scriptor, Berlin 1977

STEIN, ARND: Das Rechtschreibspiel. Kösel, München 2004

TACKE, GERO: Flüssig lesen lernen. Auer, Donauwörth 1998, 1999, 2000

THOMÉ, GÜNTHER (Hrsg.): Lese-Rechtschreib-Schwierigkeiten (LRS) und Legasthenie. Eine grundlegende Einführung, Beltz, Weinheim 2004

TRIEBEL, HEINZ/MADAY, WILHELM: Handbuch der Rechtschreibübungen. Beltz, Weinheim 1998

VALTIN, RENATE: Rechtschreiben lernen in den Klassen 1–6, Grundlagen und Didaktische Hilfen. Grundschulverband – Arbeitskreis Grundschule e.V., Frankfurt 2000

VALTIN, RENATE/NAEGELE, INGRID M.: Schreiben lernt man nur durch Schreiben. In: NAEGELE, INGRID und VALTIN, RENATE (Hrsg.): LRS – Legasthenie – in den Klassen 1–10, Band 1, Beltz, Weinheim 2003

VALTIN, RENATE/NAEGELE, INGRID/THOMÉ, GÜNTHER: Nicht nachahmenswert – Vier Ärgernisse in Rechtschreibmaterialien. In: Valtin, Renate: Rechtschreiben lernen in den Klassen 1–6, Grundlagen und Didaktische Hilfen. Grundschulverband – Arbeitskreis Grundschule e.V., Frankfurt 2000

VELLUTINO, F. R.: Legasthenie. Spektrum der Wissenschaft, 5/87

VESTER, FREDERIC/BEYER, GÜNTHER/HIRSCHFELD, MALTE: Aufmerksamkeitstraining im Unterricht; Quelle & Meyer, Heidelberg 2002

WARNKE, ANDREAS: Legasthenie und Hirnfunktion. Huber, Göttingen 1990

WARNKE, ANDREAS/HEMMINGER, UWE/ROTH, ELLEN: Legasthenie. Leitfaden für die Praxis. Begriff, Erklärung, Diagnose, Behandlung, Begutachtung. Hogrefe, Göttingen 2002

ZIMMER, RENATE: Handbuch der Psychomotorik. Verlag Modernes Lernen, Dortmund 1999

ZUCKRIGL, HILDEGARD und ALFRED/HELBING, HANS: Rhythmik hilft behinderten Kindern. Reinhardt-Verlag, München 1999

Internetadressen: Materialien, Trainingsprogramme, Nützliches

www.antolin.de – Protokollierung gelesener Bücher für Kinder, Kinderliteraturlisten

www.bs-atlas.de – Übersicht über Software für die Schule

www.collishop.de – Materialien zur Rechtschreibförderung im Unterricht und für das häusliche Üben

www.gssjansen.de – Computerprogramm, Lesen, Laufschrift

www.ifak-kindermedien.de – Buchbesprechungen zu Kinder- und Jugendbüchern sowie Zeitschriften, Kinderliteraturlisten

www.info-kai.de/spiele/spielekartei.cfm – Spielebewertungen, Lernspiele

www.lerndesign.com – Computerprogramm, Laute unterscheiden, Lernprogramme für Lehrer

www.leseforum.bayern.de – Lektüre- und Büchertipps, Literaturlisten

www.leseland.de – Suchmaschine für Kinderbücher

www.lesepirat.de – Protokollierung gelesener Bücher für Kinder, Kinderliteraturlisten

www.michas-spielmitmir.de – Spielebewertungen

www.phonologische-bewusstheit.de – Materialien und Computerprogramme

www.priebs.de/lautgeb.html – Darstellung von Lautgebärden

www.rechtschreibwerkstatt.de – vielfältige Informationen und Downloads zur Rechtschreibförderung für Lehrer, Eltern und Kinder

www.sodis.de – Datenbank für Medien in der Bildung

www.spiel-des-jahres.com – Spielebewertungen, Lernspiele

www.stecki401.com – Trainingsprogramm, Entspannungstraining

www.stiftunglesen.de – Kinderliteratur, Besprechungen, Projekte, Bücherlisten

www.toene-fuer-kinder.de – Besprechungen von Musik-CDs für Kinder

www.bildungsserver.de – Von hier aus gelangen Sie auch zu den Bildungsservern der Bundesländer.
www.legasthenie.net – Dort finden Sie auch Links zu den Landesverbänden und Downloads der aktuellen LRS-Erlasse.
www.legashenieverband.org – Dachverband Legasthenie Deutschland; Materialien, Programmbesprechungen, umfangreiche Linkliste und ein Forum
www.lehrer-online.de – Informative Seite mit vielen kommentierten Links
www.schulpsychologie.de – Informationen zum Thema LRS, Bundesweites Verzeichnis der Schulpsychologischen Beratungsstellen vor Ort

Diagnose – Grundlagen, Lesen, Rechtschreiben

Basiskompetenzen

BARTH, KARLHEINZ: Lernschwächen früh erkennen. Im Vorschul- und Grundschulalter; Reinhardt-Verlag, München 2003
BARTH, KARLHEINZ/GOMM, BERTHOLD: Gruppentest zur Früherkennung von Lese- und Rechtschreibschwierigkeiten, Reinhardt-Verlag, München 2004
BREUER, HELMUT/WEUFFEN, MARIA: Lernschwierigkeiten am Schulanfang; Beltz, Weinheim 2004
GRIMM, HANNELORE u. a.: Sprachscreening für das Vorschulalter (SSV), Testzentrale, Hogrefe, Göttingen 2003
JANSEN, HEINER/MANNHAUPT, GERD u. a.: Bielefelder Screening zur Früherkennung von Lese-Rechtschreibschwierigkeiten (BISC), Hogrefe Testzentrale, Göttingen 2. Aufl. 2002
STOCK, CLAUDIA/MARX, PETER/SCHNEIDER, WOLFGANG: Basiskompetenzen für Lese-Rechtschreibleistungen (BAKO 1–4), Beltz-Test, Göttingen 2003

Lesetests

MARX, HARALD: Knuspels-Leseaufgaben für Klassen 1 bis 4, Hogrefe, Göttingen 1998
LINDER, MARIA/GRISSEMANN, HANS: Zürcher Lesetest (ZLT) für Klassen 2 bis 6, Hogrefe, Göttingen 6. Aufl. 2000
METZE, WILFRIED: Stolperwörtertest für Klassen 1 bis 4; www.lesetest1-4.de; Berlin 2005

Rechtschreibtests

GRUND, MARTIN u. a.: Diagnostischer Rechtschreibtest für 4. Klassen (DRT 4); Deutsche Schultests, Beltz, Göttingen 2004
GRUND, MARTIN u. a.: Diagnostischer Rechtschreibtest für 5. Klassen (DRT 5); Deutsche Schultests, Beltz, Göttingen 2004
MAY, PETER: Hamburger Schreibprobe, (HSP 1–9) Handbuch/Manual, Verlag für pädagogische Medien, Hamburg, 2002; es liegen folgende Verfahren vor: HSP 1+; HSP 2, HSP 3, HSP 4/5, HSP 5–9 B, HSP 5–9 EK
MÜLLER, RUDOLF: Diagnostischer Rechtschreibtest für 2. Klassen (DRT 2), Deutsche Schultests Beltz, Göttingen 2004
MÜLLER, RUDOLF: Diagnostischer Rechtschreibtest für 3. Klassen (DRT 3), Deutsche Schultests Beltz, Göttingen 2004

Qualitative Analyse der Rechtschreibkompetenz

HERNÉ, KARL L./NAUMANN, CARL L.: Aachener Förderdiagnostische Rechtschreibfehler-Analyse (AFRA), Alpha Zentraurus Verlag, 4. Aufl. Aachen 2002

SOMMER-STUMPENHORST, NORBERT: Bild-Wort-Test, Collishop, Beckum 1999–2006,
(mit Computerauswertungsprogramm, Lerndesign, Gießen 2005)

SOMMER-STUMPENHORST, NORBERT: Qualitative Textanalyse, Collishop, Beckum 1992–
2006, (mit Computerauswertungsprogramm, Lerndesign, Gießen 2005)

THOMÉ, GÜNTHER und DOROTHEA: Oldenburger Fehleranalyse (OLFA); Igel-Verlag,
Oldenburg 2004

Ordnung der Rechtschreibung und Rechtschreiblernmethoden

	Grundprinzip	Folgen	Besonderheiten	Ausnahmen
Laute	LB = einem Laut wird ein Buchstabe (eine Buchstabenfolge) zugeordnet	LD = eine Lautfolge wird in eine analoge Buchstabenfolge übertragen	LV = regelhafte Kennzeichnung langer und kurzer Vokale	y, pf, v, chs/ks, ai; Dehnungs-h, Doppelvokal; Fremdwortschreibungen
Wörter	WU = der Wortstamm bleibt bei Ableitungen/Umformungen erhalten; a→ä, au→äu; -b, -d, -g	WZ = Wortbildung, Zusammensetzungen; Vorsilben	WA = Nomen werden mit großem Anfangsbuchstaben geschrieben	nicht regelhafte Ableitungen, Fremdwortschreibungen
Kontext	SZ = Gliederung des Satzes durch Satzzeichen	SA = grammatikalische Struktur des Satzes (SPO, Satzglieder)	SW = Die Schreibung eines Wortes hängt von der Bedeutung im Satzzusammenhang ab	Besonderheiten bei der Groß-/Klein-, Getrennt-/Zusammenschreibung
Lernziele	Rechtschreibgespür		Rechtschreibgespür Rechtschreibwissen	Rechtschreibgespür Rechtschreibwissen Merktechniken
	Bildung impliziter Konstruktionsprinzipien		Eigenregeln aufstellen	Ausnahmen und Fremdwörter erfassen
Methoden	Abschreiben, Mitsprechen, Ableiten, Zerlegen, Wortbildung		Vereinfachungen, Such- und Sortieraufgaben	Sortieraufgaben, Gruppierungen, Nachschlagen
Medien	Abschreibheft, Bildkartei, Lautkartei, Modellwortschatz, Korrekturtexte, Sprachübungen, Lesetexte		LV-Kartei, Modellwortschatz, Texte, Rechtschreibregeln	Modellwortschatz, Wörterbuch, Rechtschreibregeln

Übersicht über die Lernbereiche (Teil 1)

Lernbereich		Qualitative Analyse		Förderung	
Abk.	**Bezeichnung**	**Beschreibung**	**Das Kind hätte die Verschreibung vermeiden können, wenn es ...**	**Bereich**	**Übung**
UW	Unlesbare Wörter Wortfragmente	Unlesbare oder zweideutige Schreibung; ausgelassene Punkte/Striche; keine lautorientierte Schreibung	... lesbar geschrieben und Verschreibungen eindeutig korrigiert hätte.	*„Schreibe lesbar." „Korrigiere lesbar unter dem Text."* Buchstabenrhythmus; Sprache verschriften; ein Laut, ein Buchstabe	Schönschreibübung; (ggf. zurück zur Druckschrift); Abschreiben und mitsprechen; Lautübungen (Anlaute)
LB	falsche Laut-Buchstaben-Zuordnung	Buchstabenunsicherheit; nicht korrekte Zuordnung von Laut und Buchstabe	... dem vorgegebenen Laut den richtigen Buchstaben zugeordnet hätte. Hierzu muss es die Buchstaben und den Lautwert der Buchstaben kennen.	*„Schreib, wie du sprichst. Sprich deutlich und hochdeutsch."* Laut-/Buchstabenfolgen; schreiben und dabei mitsprechen	Abschreibübungen, mitsprechen; Bildgestützte Hörübungen; Modellwortschatz; Such- und Sortieraufgaben
LD	Sprachliche Durchgliederung	Buchstabenauslassungen, -vertauschungen, -ersetzungen, -hinzufügungen	... beim Schreiben mitgesprochen hätte und den Text anschließend mit der Strategie „Lesen, was da steht." bearbeitet hätte.	*„Sprich, wie du schreibst."* Mitsprechen (Pilotsprache); Schreibsprache	Abschreibübungen; mitsprechen; Wörter legen, Wörterschlange; Lautübungen; Modellwortschatz; Such- und Sortieraufgaben

Übersicht über die Lernbereiche (Teil 2)

Lernbereich		Qualitative Analyse		Förderung	
Abk.	**Bezeichnung**	**Beschreibung**	**Das Kind hätte die Verschreibung vermeiden können, wenn es ...**	**Bereich**	**Übung**
LV	Langer/kurzer Vokal	Nichtbeachtung regelhafter Kennzeichnung langer und kurzer Vokale (Schärfung, ie)	... auf die Länge und Kürze des Vokallautes geachtet hätte. Das Kind muss wissen, wie ein lang gesprochener Vokal (ie) und der kurz gesprochenen Vokal nach einem Konsonant (Konsonantenhäufung) geschrieben werden.	*Sprich das Wort in Silben mit.* Vokalvergleich; Vokale „übertreiben"	bildgestützte Hörübungen; Abschreibübungen, silbisches Mitsprechen; Modellwortschatz; Such- und Sortieraufgaben
WA	Wortart bestimmen	Nicht korrekte Groß- oder Kleinschreibung	... die Wortart bestimmt und das Wort abgeleitet bzw. auf die Grundform zurückgeführt hätte.	*„Befrage das Wort." – Bestimme die Wortart. Stelle das Wort im Satz um.* ich/wir; steigern; eine, viele?	Modellwortschatz: Wortart bestimmen; Nomen - Plural; Verben – 1., 2., 3. Pers. Sing.; Adjektive - steigern
WU	Wort umformen und ableiten	Wort wurde nicht auf seinen Ursprung zurückgeführt oder abgeleitet (steigern, Plural, 1., 2., 3. Pers. bilden usw.).	... dieses Wort auf ein anderes zurückgeführt hätte (jonglieren, umformen, Wort ersetzen, zerlegen usw.)	*„Befrage das Wort." – Verlängere das Wort, führe es auf die Grundform zurück.* Umformen; Analogien bilden	Abschreibtexte; Wörter ableiten und auf Grundform zurückführen; Such- und Sortieraufgaben

Übersicht über die Lernbereiche (Teil 3)

Lernbereich		Qualitative Analyse		Förderung	
Abk.	Bezeichnung	Beschreibung	Das Kind hätte die Verschreibung vermeiden können, wenn es …	Bereich	Übung
WZ	Wort zerlegen und zusammensetzen	Wort wurde nicht in seine Bestandteile (Morpheme) zerlegt, nicht korrekte Wortzusammensetzungen.	… dieses Wort zerlegt oder als ein Wort erkannt hätte.	*„Befrage das Wort." – Zerlege das Wort. Weiß ich, was es bedeutet?* Wort zerlegen	Such- und Sortieraufgaben MWS; Vorsilben, Nachsilben, Wortzusammensetzungen
AF	Ausnahmen, Fremdwörter	Wörter die nicht regelhaft geschrieben werden. Lehnwörter, Fremdwörter	… bei diesem Wort verunsichert gewesen wäre und es nachgeschlagen hätte	*„Trau deinem Rechtschreibgespür." „Schlag im Wörterbuch nach, wenn du unsicher bist."* Was weiß ich nicht?	Modellwortschatz; Arbeit mit dem Wörterbuch einüben; Such- und Sortieraufgaben; Rumpelkammer aufräumen
SA	Satzaufbau	Ausgelassene oder hinzugefügte Wörter (auch sinnhafte Ersetzungen), Verstöße gegen den Satzaufbau (Grammatik)	… den geschriebenen Text beim Vorlesen noch einmal mitgelesen hätte oder den eigenen Text noch einmal im Sinnzusammenhang gelesen hätte.	*„Schreibe vollständige Sätze."* Satzaufbau, Grammatik	Lesetexte mit sinnentstellenden Wörtern

Übersicht über die Lernbereiche (Teil 4)

Lernbereich		Qualitative Analyse		Förderung	
Abk.	Bezeichnung	Beschreibung	Das Kind hätte die Verschreibung vermeiden können, wenn es …	Bereich	Übung
SZ	Satzzeichen	Nicht korrekte Setzung der Satzzeichen (unbekannte SZ werden vorgegeben)	…das Satzende oder die Satzteile erkannt hätte. Das Kind muss die Regelungen (Satzzeichen) für die Unterteilung eines Satzes kennen.	*„Gliedere den Text so, dass der Leser dich schnell verstehen kann."* Interpunktion	Punkt, Fragezeichen, Komma, wörtliche Rede, Rufzeichen
SW	Satzabhängige Schreibung von Wörtern	Schreibungen, die nur aus dem Satzzusammenhang zu erkennen sind (weise/Weise/Waise, dass/das, wider/wieder)	…das Wort im Kontext des Satzes betrachtet, den Satz umgestellt oder das Wort durch ein bekanntes anderes Wort ersetzt hätte.	*„Betrachte die Wörter im Satzzusammenhang."* Wörter im Textzusammenhang betrachten	

Rechtschreibwerkstatt

Die Rechtschreibwerkstatt ist ein Bild, das den Kindern die Ordnung der Rechtschreibung und den Verlauf des Rechtschreiblernprozesses überschaubar macht. Die drei Etagen stehen für die drei grundlegenden Rechtschreibprinzipien (Lernebenen). Die einzelnen Zimmer der Rechtschreibwerkstatt geben die einzelnen Lernbereiche an. Eine differenzierte Beschreibung finden Sie unter www.rechtschreibwerkstatt.de

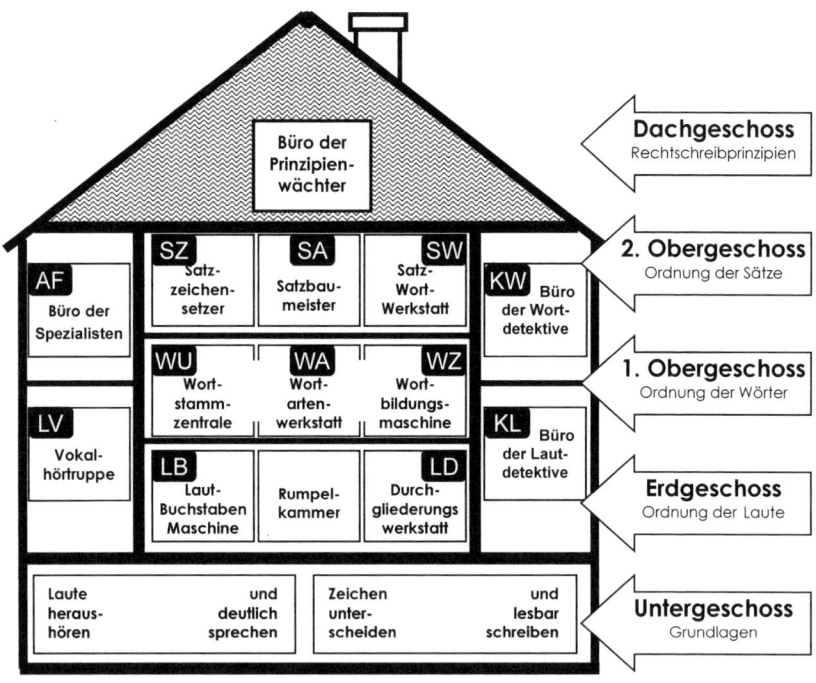

Qualitative Textanalyse – ein Beispiel

Name: P. M.   Datum: 20.8.90   Nr. 1

Die Klasse schreibt ein Diktat.
Josef macht wille veler. Simon
sitzt Neben ihn und Schaut.
seinen Nachtban Stendik ins
Heft noch zehn Woter
und es ist geschaft.
Josef beschtert sich beim
Lehra. Simon hatt bei mir
abgescrieben. Der armste
sacht der Lehrax und
macht ein derokter
gesicht.

UW	LB	LD	LV	WA	WU	WZ	SA	SZ	SW	AF		PS	W
‖	‖‖‖	‖‖‖	‖‖	‖‖‖‖	‖‖‖	‖	‖	‖‖	‖‖‖	‖‖‖	**Anz**	33	21
2	6	4	3	5	3	1	1	2	3	3	**%**	66	42

Bei jeder Verschreibung wird gefragt: *Was hätte das Kind wissen müssen, um diese Stelle im Wort orthografisch richtig schreiben zu können?* Dabei wird jede einzelne Verschreibung (und nicht nur das ganze, falsch geschrie-

bene Wort) bewertet. Über der Verschreibung wird der entsprechende Lernbereich notiert (Abkürzungen siehe unten). Die Verschreibungen werden –
differenziert nach Lernbereichen – summiert (Strichliste unter dem Text).

schreibt	WA	Verb großgeschrieben
Diktat	LD	Buchstaben hinzugefügt
viele	LB	F-Laut falsch abgebildet
	LV	langes „i" falsch abgebildet
Fehler	WA	Nomen kleingeschrieben
	LB	F-Laut falsch abgebildet
	AF	Dehnungs-h = Ausnahmeschreibung
neben	WA	Präposition großgeschrieben
ihm	SA	Wort ersetzt
schaut	WA	Verb großgeschrieben
seinem	SW	nur aus Kontext zu erschließen
Nachbarn	WZ	falsche Wortzerlegung
	LD	Buchstabe fehlt (oder WZ wegen Endsilbe „-bar")
ständig	WA	Adjektiv großgeschrieben
	AF	(oder WU – Ableitung von „Stand")
	WU	nur über Ableitung zu erschließen
.	SZ	fehlendes Satzzeichen, Kleinschreibung am Satz-anfang
Wörter	LD	fehlender Buchstabe
geschafft	LV	kurzer Vokal nicht berücksichtigt (auch WU mög-lich, da hier nach kurzem Vokal zwei Konsonanten stehen)
beschwert	LB	W-Laut falsch abgebildet
beim	SW	nur aus Kontext zu erschließen
Lehrer	LB	auslautender A-Laut falsch abgebildet
hat	AF	Ausnahme, keine Konsonantenverdopplung
… schrieben	UW	unlesbare Korrektur
	LB	b/d-Vertauschung
Ärmste	SW	Substantiv nur aus dem Kontext zu erschließen
,	SZ	Komma fehlt
sagt	LV	langer Vokal
	WU	nicht von „sagen" abgeleitet
besorgtes	LB	b/d-Vertauschung
	LD	„r" fehlt
	WU	nicht von „sorgen" abgeleitet
Gesicht	WA	Nomen kleingeschrieben

Stichwortverzeichnis